竜の逆襲

愛しのドラゴンズ！
2

北辻利寿
Toshinaga Kitatsuji

ゆいぽおと

プロローグ

―ドラゴンズブルーの縁、与田剛と根尾昂が開く竜の新時代―

「縁」という言葉が中日ドラゴンズに舞い降りた、２０１９年を前にしたそんなシーズンオフだった。

今年で83年となるドラゴンズ球団史でもワーストの6年連続Bクラスと低迷するチーム、新たな指揮官に選ばれたのは〝剛球王〟としてリリーフエースだった与田剛さん。与田新監督の誕生には「縁」という言葉がとても似合う。

●「竜の剛球王」との縁

与田剛投手は１９８９年（平成元年）のドラフト会議でドラゴンズから1位指名を受けた。そのときのドラフトは後に「トルネード投法」とともにメジャーリーガーとして活躍した社会人・新日本製鐵堺の野茂英雄投手に8球団の指名が殺到した。ドラフト史上の指名数として最多である。しかし、ドラゴンズはその野茂投手に見向きもせず、ＮＴＴ関東の与田投手を単独指名した。そして与田投手はドラゴンズに入団した。背番号は「29」だった。

ドラゴンズの監督就任会見で与田新監督が語った言葉が胸を打つ。

「当時錚々たるドラフト候補がいるなかで、ドラゴンズが私を単独指名してくれた。その思いを忘れることはない。強いご縁というか、本当に運の良い男だと思う」

ここで「縁」という言葉が登場した。

現役時代の与田投手とドラゴンズの「縁」は時間的に見れば、実はそれほど長くはない。ルーキーだった翌1990年、ナゴヤ球場での開幕戦で150キロの剛球で鮮烈なデビューを果たした与田投手はそのシーズン、50試合に登板し4勝5敗31セーブの成績で、パ・リーグ近鉄バファローズの野茂投手と並んで新人王にも選ばれた。しかし翌年には調子を落としわずか2セーブに留まった。3年目に復活して再び〝抑え役〟を任されたものの、結局わずか7年でドラゴンズのユニホームを脱いでいる。ドラゴンズでの通算成績は、147試合で8勝19敗59セーブ。決して突出したものではない。ドラゴンズの後に所属した千葉ロッテマリーンズなど3球団では、わずか1試合投げただけで引退したため、与田投手にとってのプロ野球人生はほとんどがドラゴンズでのものなのだ。「縁」は時間としては長くはなかった。しかしその絆は実は強かった。

● 「驚かせるチーム」への期待

就任会見で少し照れくさそうにしながら与田新監督が明かしたのは、名古屋を離れていた間もずっと、自分も家族も本籍地は名古屋のままだったという事実だ。そこに「縁」を感じたのは与田監督だけでなく、多くのファンも同じであったろう。驚いた。そしてかつてのマウンド姿を思い出す。竜のリリーフエースとして「抑える」のではなくまさに「押さえ込む」という言葉がぴったりだった〝剛球王〟の姿を……。

「驚かせるチームにしたい」と、会見で与田監督は語った。２０１９年シーズンの戦い方を質問されたときである。「プロ野球選手は簡単にできないプレーを見せることで、すごいなと思ってもらえるように」と。「驚かせるチーム」という言葉は、私たちドラゴンズファンをワクワクさせる。ファンはいつも夢を見たい。そんな夢を運んでくれそうな予感。いわば「ドラゴンズ・ドリームズ」。心から待ちわびていたものだ。

●ドラゴンズはクジに弱い？

「驚かせるチーム」をめざすと宣言した与田新監督は、早速ドラフト会議において、ドラゴンズファンが驚き、そして感動した大仕事をやってのけた。高校球界のスーパースター根尾昂選手の獲得である。与田監督自身が入団した際のドラフト会議を例に挙げるまでもないが、ドラゴンズのドラフト戦略は、抽選での勝負に出るというよりは独自にリサーチして有能な選手を単独で獲る、または抽選でクジを引いても大物注目選手は外す、そんな印象がファンの間にはある。

１９８６年（昭和61年）ドラフト会議で、５球団が競合した近藤真一（現・真市）投手を当時の星野仙一監督が引き当ててガッツポーズをしたシーンが長くファンの間での語り草になってきたのも、それを上回る大きな感動がなかったからなのだが、実は2、3球団での抽選にはけっこう勝っている。立浪和義、野本圭、そして現役の高橋周平、柳裕也らは他球団に1巡目抽選で勝って1位指名で獲得した選手たちだ。しかし、今回の「根尾昂」という逸材への注目度はかつてないほどに高かった。甲子園春夏連覇の立役者であり、投手と内野手の「二刀流」いや外野手も入れれば「三刀流」ともいわれた万能選手。野球ファン以外でもほとんどの人たちが「根尾昂」を知っていた。ドラゴンズはそんな根尾選手の1位指名を早い時期に正式表明した。12球団で最速の1位指名選手の表明だった。他球団の競合は必至。多くのドラゴンズファンは与田監督のクジ運と根尾選手との「縁」に期待しながらも、あまり期待すると外したときのショックが大きいと、あえて淡々としていようと思ったはずだ。過去のドラフト会議の記憶がドラゴンズファンの間にもそんな弱気を運んできていた。しかし……。

●「野球の神様」の微笑

与田新監督は短く叫び、ガッツポーズをした。ドラフト会議で4球団による1位指名の抽選に勝ち、根尾昂選手の交渉権を引き当てた瞬間である。その風景に、かつての星野監督の姿をオーバーラップさせたファンは多かったはずだ。そしてその星野監督こそ与田投手を単独指名して開幕戦で即デビューさせた、与田監督にとって深い「縁」のある監督だった。与田監督が直前まで投手コーチをつとめていた東北楽天ゴールデンイーグルスに与田さんを呼び寄せた人でもあった。その星野さんが急逝した同じ年のドラフト会議で、与田新監督は同じようなガッツポーズをすることになった。12球団最速でほしい選手の名前を謳い上げたドラゴンズに「野球の神様」は微笑んだのだった。そしてこれも12球団最速、育成を含めた全指名選手104選手のなかで、根尾選手とは最も早い入団交渉を実現した。

ドラゴンズファンはこういう勢いを待っていた。

●根尾昂選手との強き「縁」

「縁」という言葉を根尾昂選手も口にした。ドラフト会議指名直後の記者会見である。

「何か縁があると思います。この御縁をしっかり大切にしてドラゴンズさんの一員として勝利に貢献してゆきたい」

岐阜県飛騨市出身の根尾選手は、小学生時代にドラゴンズ球団の公式ジュニアチーム「ドラゴンズジュニア」でプレーしていた。12歳にしてすでにドラゴンズブルーのユニホームを着ていたのだった。その「縁」は6年の歳月を経ても確かに結ばれていた。そして就任会見で「縁」という言葉を口にした与田新監督が、その「縁」を右手で手繰り寄せたのだった。かつて星野監督が愛してやまなかったであろう剛球を投げ続けた、その右手で……。

●希望のドラゴンズブルー

ドラゴンズは球団史のなかでも大きな時代の節目を迎えた。岩瀬仁紀、荒木雅博、そして浅尾拓也ら、かつての黄金期を背負ったスター選手たちが現役を去った。そして、その直後のタイミングで、ドラゴンズは新たなスーパースターになる可能性を秘めた逸材を得た。これも「野球の神様」が考えた時代のバトンタッチなのであろうか。そうであるならば、今、ドラゴンズブルーはその神様に最も愛されている色なのかもしれない。

星野仙一から与田剛、そして根尾昂へ。83年目を迎えた中日ドラゴンズの球団史のページは輝きを増している。そんな2019年シーズンの幕が開いた。

「縁」という言葉は「えん」と読むが、同時に「えにし」とも読む。それは将来に向けてもより強い絆を表す読み方だといわれている。ドラゴンズブルーの「縁」は「えにし」として確かに紡がれている。

2019年のスローガンは「昇竜復活！ WITH BLUE」。竜の逆襲、そのときが来た！

竜の逆襲　愛しのドラゴンズ！2　もくじ

プロローグ　―ドラゴンズブルーの縁、与田剛と根尾昂が開く竜の新時代―　●001

I　Bクラスに切歯扼腕　―低迷した6年間を総括―　●015

1　野球の神様からのテストだった　●016
2　ドラフト戦略のむずかしさ　●020
3　「投手王国」復活への期待　●023
4　出てきてほしい！　竜の正捕手　●027
5　代打の切り札を待ちわびて　●030
6　ナゴヤドームを満員にしよう　●033

II　森ドラゴンズ闘いの日々　―星野追悼、松坂躍動、ビシエド猛打―　●037

苦闘の中にも光あり、森ドラゴンズ　●038
背番号に物申す　●041
ナゴヤドームへ行こうよ！　●045

ドラフトの神様が微笑んだ相手 ●049
日本シリーズこれでいいの？ ●052
ドラゴンズもっと目立ってよ！ —新入団選手発表の会場より— ●055
弔辞 —中日ドラゴンズ星野仙一投手へ— ●059
野球の敬遠革命 —田尾は岩鬼は何思う？— ●063
〝ドラゴンズ松坂投手〟誕生に贈る5つの期待 ●066
球春！ 逆襲へのキーワードは？ ●070
沖縄発・〝松坂キャンプ〟総括 ●074
星野仙一さんが沖縄とドラゴンズに残した「夢」 ●078
開幕！ ドラゴンズは「ゾロ目」で勝負だ ●081
中日・松坂初勝利 「永遠の野球少年」に乾杯！ ●085
衝撃ホームランの記録と記憶 ●088
夏の陣へ……残念な12球団最下位から脱出だ！ ●092
〝平成の怪物〟松坂大輔が〝平成最後のオールスター戦〟に出陣！ ●096
しっかりしろ！巨人軍 —ドラゴンズファンより愛と喝— ●098
わずか1年だけの外国人選手列伝 ●101

リリーフエースなくして明日への浮上なし ●105
ファン怒りと希望のシーズンが終わった ●109
〃全国区スーパースター〃根尾昂選手が開ける明日への扉 ●113
大逆襲の秋が始まった！ 与田新体制への限りなき期待 ●116
「カープに入ったらレギュラーになれるのか？」 ●119

Ⅲ

愛しのドラ戦士！ —球団史に輝くスター選手25人— ●123
ベストナイン ●124
①杉下茂 （投手） ●124
②谷繁元信 （捕手） ●126
③谷沢健一 （一塁手） ●128
④高木守道 （二塁手） ●130
⑤落合博満 （三塁手） ●133
⑥立浪和義 （遊撃手） ●135
⑦江藤慎一 （左翼手） ●137
⑧田尾安志 （中堅手） ●140

⑨T・マーチン（右翼手）●142

次なるベストナイン●145
①星野仙一（投手）●145
②中尾孝義（捕手）●147
③西沢道夫（一塁手）●149
④荒木雅博（二塁手）、⑥井端弘和（遊撃手）●151
⑤島谷金二（三塁手）●154
⑦和田一浩（左翼手）●156
⑧W・デービス（中堅手）●158
⑨福留孝介（右翼手）●160

心に残る名選手●163
①稲葉光雄（投手）●163
②山本昌（投手）●165
③山崎武司（捕手・内野手）●168

④与田剛　（投手）●170
⑤川上憲伸　（投手）●173
⑥岩瀬仁紀　（投手）●176
⑦浅尾拓也　（投手）●179
エピローグ　―短い秋におさらば、さあ与田監督の胴上げだ！―●183
中日ドラゴンズ歴代監督とシーズン成績（１９３６年〜２０１８年）●189

Ⅰ

Bクラスに切歯扼腕

—低迷した6年間を総括—

1 野球の神様からのテストだった

それは野球の神様が中日ドラゴンズに与えたひとつの試験問題だったのではないだろうか？

２０１１年（平成23年）10月27日、ドラフト会議で、ドラゴンズは東海大甲府高校のスラッガー高橋周平内野手を指名した。高橋選手を求めたのはドラゴンズの他に、オリックスバファローズと東京ヤクルトスワローズの２球団。３球団による1位指名の抽選で、ドラゴンズは見事、高橋選手の交渉権を引き当てる。クジに勝ったのは、落合博満監督に代わって翌シーズンから指揮を執ることになった高木守道新監督だった。抽選直後のテレビ中継のインタビューで、真っ白な歯をのぞかせて喜びを語る高木監督の笑顔を見ながら、生まれ変わろうとしているチームに野球の神様が「高橋周平」という贈り物をくださったのだと思った記憶がある。しかし、その贈り物は、同時に野球の神様からの〝試験問題〟でもあったと後年知ることになる。神様はドラゴンズに贈り物を与え、そしてチームに課題を与えたのではなかったか。

その秋、ドラゴンズは大きな決断をした。８年間にわたってチームを率いた落合監督の交代である。２００４年（平成16年）に監督に就任した落合監督は「トレードは一切しない。今の戦力が10％ずつ力をアップすれば勝てる」と宣言し、見事に就任早々のシーズンでリーグ優勝を果たす。以来、２００７年の53年ぶりの日本一達成、そして２０１０年と１１年の球団初の連覇を中心に、８年間でリーグ優勝４回、日本一１回、すべてＡクラスという見事な成績を残し、ドラゴンズ球団史に残る黄金期を築いた。監督退任が発表された後、ドラゴンズは２位から破竹の進撃を続けて球団史上初めてのペナントレース連覇を果たした。

しかし球団は新しい体制に舵を切った。黄金期を戦った選手たちは、次第にベテランの域に達し始めていたこともあり、新時代のドラゴンズへ「世代交代」が最も大きなテーマでもあった。落合政権が築いた強力なチーム、それを引き継ぎつつも一部の面では変えていくことには当然何らかのハレーションも予想された。そうした空気のなかで〝立つ〟ことができるのは、かつて背番号「１」を背負い１９７４年（昭和49年）には20年ぶりのリーグ優勝を牽引《けんいん》し、また監督として１９９４年（平成６年）には長嶋ジャイアンツとのいわゆる「10・８」決戦を指揮した〝ミスター・ドラゴンズ〟高木守道さんしかいないという考えは、ある意味で当然の流れだった。当時の高木さんはドラゴンズＯＢ会長であり、新時代への「変革」に期待が高まった。

ファンは夢を見た。かつて星野仙一監督が、新監督としてクジを引き当てドラフト１位で指名した近藤真一（現・真市）投手をルーキーイヤーにいきなり讀賣ジャイアンツ戦で先発として起用、ノーヒットノーランを達成させたように。翌年のドラフト会議でまたもクジに勝って１

位で入団させた立浪和義内野手を開幕戦スタメンのショートで起用して、スター選手に育て上げたように。ファンは高木守道監督と高橋周平選手の2人にそんな希望の夢を見ていたと思う。

デザインを一新したユニホームでシーズンに臨んだ高木ドラゴンズは、引き分けをはさんで開幕5連勝という、3連覇に向けて素晴らしいスタートを切った。しかし、その開幕戦ベンチに高橋周平選手の姿はなかった。前年に連覇を果たしたメンバーに、米メジャーから日本球界に復帰した川上憲伸投手、東北楽天ゴールデンイーグルスを自由契約になり古巣に戻った山崎武司選手らが加わった戦力は、円熟味あふれる戦いぶりを見せた。

高橋選手は、2軍のウエスタンではホームラン7本で本塁打王になり、大器の片鱗《へんりん》を見せた。しかし1軍に上がってから6月17日の交流戦でプロ入り初ホームランを打つものの、1年目のシーズン1軍での出場は41試合に留まり、11安打、ホームラン2本で打点3という成績だった。

古くからのドラゴンズファンは思い出す。かつて1969年(昭和44年)、当時の水原茂監督が、打撃も守備も粗かった島谷金二という内野手をとことん起用して一流の三塁手に育てたことを……。少し新しいドラゴンズファンでも知っている。かつて、讀賣ジャイアンツの長嶋茂雄監督が2001年、ルーキーだった阿部慎之助という捕手をいきなり127試合に出場させて、正捕手として開花させていったことを……。

その長嶋茂雄選手のデビューが4打席4三振だったことは有名なエピソードだが、当時それでも長嶋選手を使い続けたのが、実はドラゴンズに移る前の水原監督だった。歴史の縁は紡がれる。２０１２年は球団初の３連覇をめざす難しいシーズンではあったものの、高橋周平という貴重な素材が、もし1年を通してゲームに出ることができていたら、どんな飛躍を遂げたのかと残念がるファンは多い。

野球の神様はこのシーズンの最後に、もうひとつの〝試験問題〟をドラゴンズに課した。クライマックスシリーズでの思わぬ健闘である。３位の東京ヤクルトスワローズを破ってファイナルステージに進出すると、シーズン1位のジャイアンツ相手に３連勝。もう1勝だ！　ファンの誰もが3年連続の日本シリーズ出場だと信じたものの、王手をかけた第４戦から３連敗して万事休した。ジャイアンツが日本シリーズへ進んだ。

翌年のドラゴンズはテーマだったはずの「世代交代」よりも、ファイナルステージのリベンジを背負って、それまでの主力選手中心に戦いをスタートさせた。勝負は勝ちにいって当然である。しかし、神様が期待した答え、それは黄金期やクライマックスシリーズの悔しさにとらわれず、同時に新時代をめざすことだったのかもしれない。

そして２０１８年10月25日のドラフト会議。新たにドラゴンズの指揮を任された与田剛新監督は、最も注目されていた高校球界のスーパースター・根尾昂選手の指名権を引き当てた。これは再び野球の神様からの〝試験問題〟なのかどうか。その答えがわかるにはもうしばらく時間が必要である。与田監督は根尾選手をどのように育て、どのように起用するのか。この野球の神様からの新たな〝試験問題〟に対し、与田監督が見事に正解を出したとき、新生ドラゴンズは力強い復活を遂げる予感がする。

2 ドラフト戦略のむずかしさ

２０１８年ドラフト会議は根尾昂選手の指名に成功した後、１位指名で他球団に獲られてもおかしくなかった大学球界注目の梅津晃大投手を2位指名するなど合わせて６人を獲得、多くの評論家からも成果はドラゴンズが12球団トップという評価を受けた。ファンとして拍手喝采のドラフトだった。しかし新戦力の獲得をめざすドラフト戦略は本当にむずかしい。

ドラゴンズが即戦力にこだわったのが、２０１４年（平成26年）のドラフト会議である。このシーズンはチームを2年間率いた高木守道監督が退任し、落合博満ゼネラルマネージャー（GM）、谷繁元信監督（選手兼任）、そして森繁和ヘッドコーチのトライアングル新体制1年目だった。山本昌投手が49歳で最年長登板と最年長勝利などの記録を作る。岩瀬仁紀投手が前人未到の400セーブを挙げる。山井大介投手が36歳にして最多勝利と最多勝率のタイトルを取る。そんなベテランに対し、若手では濱田達郎投手がプロ初先発の阪神タイガース戦で初勝利を初完封で飾るなど躍動感あふれるシーズンだったという印象がある。大島洋平選手も球団タイ記録となる186安打を記録した。しかし、シーズン成績は67勝73敗4分でリーグ4位。兼任新監督の初年度は「まずまず」という評価だった。

そして10月のドラフト会議を迎える。ドラゴンズは育成3人を含む12人を指名した。1位から9位までの9人は社会人6人と大学生3人で高校生の指名はゼロ。育成は高校生2人と大学生1人。いわゆる「即戦力ドラフト」だった。しかし、あれから4シーズンを経過して、レギュラーになった選手はゼロ、1軍に定着した選手もいないという現実が目の前にある。すでにユニホームを脱いだ選手も複数いる。このドラフトで讀賣ジャイアンツは智辯学園高校のスラッガー・岡本和真選手を1位で単独指名した。岡本選手は2018年シーズン、ジャイアンツの不動の4番打者に成長した。

翌2015年のドラフト会議。1位でその年の夏の甲子園優勝投手である東海大相模高校の小笠原慎之介投手を獲得したものの、この他は2位指名の東北福祉大学の佐藤優投手以外は3位から6位までが社会人。育成指名6人も高校生は1人で、残りの5人は社会人または大学生と、2年連続の「即戦力狙いドラフト」となった。しかし、この年も社会人から入団したなかで1軍に定着した選手はいない。ドラフトの戦略、そして新戦力の獲得のむずかしさを、ドラゴンズファンとして目の当たりにした2年間だった。

ドラゴンズの監督をつとめ2018年1月に急逝した星野仙一さんは、ドラフト会議における新戦力の指名をとにかく重視した人だった。ここでの失敗はその年だけではなく何年もチーム作りに影響すると常々語っていた。

この6年間、ドラゴンズでは名選手たちが次々とプロ野球史上に燦然と輝く記録を残した。そしてユニホームを脱いでいった。しかし表彰記録のほとんどがベテラン選手による長年の数字の積み重ね、または「最年長」が付く記録ばかりだった。彗星のように登場して高卒ルーキーながらジャイアンツ相手にプロ初登板ノーヒットノーランを達成した近藤真一（現・真市）投手のように、若い戦力が達成した記録はない。

2017年のドラフト会議からドラゴンズは積極的に高校生選手の指名を始めた。2018年、青森県弘前市で開催されたフレッシュオールスターゲームで、入団2年目の石垣雅海選手がバックスクリーンに叩き込んだホームランの力強い弾道。ドラゴンズファンはそんな若竜の台頭を心から待ちわびている。

3 「投手王国」復活への期待

ナゴヤ球場からナゴヤドームに本拠地を移した1998年（平成10年）以降、中日ドラゴンズの野球は「守り勝つ野球」をめざしてきた。広いナゴヤドームで戦うためには当然の方針であり、それとともに先発、中継ぎ、抑えという投手陣の従来以上の整備が急ピッチに進んだ。

翌1999年は開幕11連勝から始まり勢いそのままにリーグ優勝したが、この時は中継ぎに岩瀬仁紀、落合英二、サムソン・リー、そして抑えに宣銅烈《ソンドンヨル》という絶対的なカルテットが存在していた。左右それぞれ2人ずつ、各投手に各1回を任せると想定すれば、先発投手は極論5回を投げればいい。ならば初回から目一杯飛ばしていける。ペナントレースを突っ走るには十分なリリーフ陣だった。そこに19勝をあげた野口茂樹を筆頭に、川上憲伸、山本昌、武田一浩らの先発投手がいるのだから磐石であった。

2004年から指揮を執った落合博満監督も「守り勝つ野球」という表現ではなく「野球は投手がボールを投げることから始まる。だから守るのではなく、まず投手による攻撃から始まる」という独特の言い回しながらも、この方針を継続した。1002試合登板を達成して2018シーズン限りで引退した岩瀬投手を中継ぎから抑えに起用したことが、それを象徴している。岩瀬投手は日本球界を代表するクローザーとなった。

そしていつしかドラゴンズには「投手王国」という代名詞が付くようになった。しかし、Bクラスが続いているこの6年間、ドラゴンズの「投手王国」という金看板が残念ながら色あせてしまった。

6年間の投手陣の軌跡を見てみたい。高木守道監督の2年目である2013年シーズンは、前の年まで5年連続で二ケタ勝利を挙げた吉見投手が開幕早々に故障した。その結果、規定投球回数に達したのは大野雄大投手ただひとり。しかし大野投手は10勝10敗のイーブンで勝ち星の貯金なし。それに続いたのは岡田俊哉投手7勝、ダニエル・カブレラ投手6勝、山井大介投手と山本昌投手が5勝ずつと、先発陣は残念なシーズンだった。ただ「守護神」岩瀬投手だけは36セーブを挙げた。チームは4位となり監督交代へ。

谷繁元信監督が選手兼任として指揮を取り始めた2014年は山井大介投手が13勝5敗で、リーグ最多勝と最高勝率の2つのタイトルを手にした。山井投手と2人、規定投球回数に達した大野投手は10勝8敗。新人の又吉克樹投手が中継ぎを中心に活躍して9勝を挙げたこと、そして濱田達郎投手が鮮烈なデビューをはたしたことは嬉しいニュースだった。シーズンは前年と同じ4位だった。

2015年は前の年に最多勝だった山井投手が初の開幕投手をつとめた。しかし、結果は4

勝12敗と不調のシーズンを送る。先発では大野投手が11勝10敗、２０１８年限りでドラゴンズのユニホームを脱いだ若松駿太投手が10勝4敗で、山井投手含めて３人が規定投球回数に達したが、先発陣が整ったとはいえない状況だった。ただリリーフでは、又吉投手が30ホールド、さらに３年目の福谷浩司投手が19セーブを挙げ、将来への明るい話題もあった。しかしシーズン５位。谷繁選手はじめ、和田一浩、小笠原道大そして山本昌ら、大物ベテラン選手が次々と引退した年でもあった。

そして翌年はドラゴンズ投手陣にとって最も残念なシーズンとなった。２０１６年は規定投球回数に達した投手はゼロ。勝ち星も７勝の大野投手と若松投手を筆頭に二ケタ勝利の投手はゼロ。ひとり田島慎二投手が、開幕から27試合連続無失点という2リーグになってからでは最長という日本記録を作った。17セーブ、18ホールドは大健闘といえる。しかし、シーズン途中に成績不振により谷繁監督から森繁和ヘッドコーチへと監督交代。チームは最下位に沈み、ファンにとってはあまりに悲しすぎる年だった。

森新監督１年目の２０１７年は、投手コーチとしても落合政権の黄金期を支えた人だけに期待が高まった。規定投球回数には大野投手とラウル・バルデス投手の２人が到達したが、大野投手７勝、バルデス投手６勝と勝ち星を積み重ねることができず、又吉投手の８勝をチーム最多として、この年も二ケタ勝利ゼロ。大島洋平選手が３、４月、ダヤン・ビシエド選手が５月とそれぞれ月間MVPを獲得。ルーキー京田陽太選手がショートのレギュラーを獲得し新人王と躍動した上で、新外国人アレックス・ゲレーロ選手が35本でホームラン王に輝くなど打撃陣は奮闘しただけに、投手陣さえ頑張れば十分に上位、Aクラスを狙えたシーズンだった。それだけにシーズン5位はファンにとって何とも歯がゆい思いが残った。

そして2018年。新戦力のオネルキ・ガルシア投手だけが活躍した。開幕投手をつとめた期待の小笠原慎之介投手はジャイアンツ相手にプロ入り初完封をしたが、その直後から肘の不調を訴えシーズン中に手術。ケガから復活した吉見投手が随所で意地を見せ、新たに加わった〝平成の怪物〟松坂大輔投手も6勝という勝ち星とともに大きな存在感を見せたが、その他どの投手もシーズン通しての活躍はできず、結果、規定投球回数に達して二ケタ勝利を挙げたのは〝助っ人〟ガルシア投手のみ。自前で育てた投手の活躍は皆無で、38試合もの逆転負けを喫しリリーフ陣に課題を残した。そしてそのガルシア選手も契約交渉が折り合わずチームを去った。現時点、再びドラゴンズから二ケタ投手はいなくなった……。

現役時代〝抑えの切り札〟として活躍、ファンに強烈な印象を残した与田新監督に課せられた「投手王国」の復活。ドラゴンズブルー姿の投手たちがナゴヤドームのマウンドで躍動する姿をファンはいつも夢見て球場を訪れる。

4　出てきてほしい！　竜の正捕手

ドラゴンズから「正捕手」という言葉が消えて久しい。「捕手＝キャッチャー」が野球において果たす役割の重要性は今さら言うまでもない。野村克也さん、森昌彦（現・森祇晶）さん、大矢明彦さん、古田敦也さん、伊東勤さん、城島健司さん、阿部慎之助選手……。強いチームが額面通り強かった時代には必ずチームに名捕手がいた。そしてドラゴンズの歴史を振り返っても、リーグ優勝を果たしたシーズンには必ず「正捕手」が存在していた。

初優勝した１９５４年（昭和29年）には野口明さんがいた。後に投手としても活躍した野口さんは、愛知県の中京商業高校（現・中京大学附属中京高等学校）時代に夏の甲子園３連覇を達成したときのキャッチャーで、明治大学を経て入団したドラゴンズでは時のエース杉下茂投手とバッテリーを組み、日本シリーズで西鉄ライオンズを破って日本一になった。選手兼監督もつとめた。

讀賣ジャイアンツの10連覇を阻止して20年ぶりにリーグ優勝した１９７４年（昭和49年）には木俣達彦さん。「マサカリ打法」と呼ばれた打撃スタイルから次々とヒットが量産された。優勝を決めた瞬間、マウンドに仁王立ちしたエース星野仙一投手に飛びついた姿は、今でも多くのファンの目に焼きついている。この年には新宅洋志さんという背番号「7」の捕手もいて、こちらは頭脳的なリードとガッツあるプレーで時おり木俣捕手と交代でホームベースを守った。

木俣さんの座に代わったのは中尾孝義さん。肩が強い、打撃もいい、そして足も速いと三拍子そろった選手で「捕手のイメージを変えた」とまで賞された。入団後まもなく木俣さんから正捕手の座を奪うと、近藤貞雄監督率いる「野武士野球」の下で1982年（昭和57年）にリーグ優勝し、シーズンMVPにも選ばれた。

中村武志さんも忘れられない。1984年（昭和59年）ドラフト1位で入団し、星野監督に鍛えに鍛えられ、中尾選手から正捕手の座を奪った。猛練習で培った頑丈な身体で長くドラゴンズのホームベースを守った。星野監督が指揮を執った1988年（昭和63年）と1999年（平成11年）の2回の優勝に貢献した。勝負強い打撃も売り物で、1991年（平成4年）7月19日ナゴヤ球場でのジャイアンツ戦で、8回の代打同点満塁ホームランに続き、延長10回には2打席連続のホームランでサヨナラ勝ちをした試合は、ファンの間で今も熱く語られる。

そして中村さんとバトンタッチする形で、2001年シーズンオフにFAによって横浜ベイスターズから移籍してきたのが谷繁元信さんだった。いうまでもなく、2004年から8年間続いた落合博満政権での黄金期を支えたキャッチャーである。

こうした正捕手の球団史を踏まえて、Ｂクラスに低迷したこの６年間のドラゴンズ捕手史をふり返ってみる。

２０１３年は谷繁捕手が１３０試合でマスクをかぶった。堂々たる「正捕手」である。しかし、このシーズンの盗塁阻止率は１割７分４厘。前年が３割６分１厘なので、半減したことになる。さすがの肩にも衰えが来ていた。そして翌年からの捕手は「複数制」となった。開幕戦でスタメンマスクをかぶったキャッチャーは、２０１４年は引き続き谷繁さんだったが、２０１５年は松井雅人選手、２０１６年は桂依央利選手、２０１７年は杉山翔太選手、そして２０１８年は再びの松井雅人選手と、毎年交代してきた。２０１８年はＦＡ宣言した北海道日本ハムファイターズからレギュラー捕手だった大野奨太選手が加わったが、シーズン63試合の出場に留まった。

名捕手だった谷繁さんが兼任監督時代も含めて２０１６年までチームに存在し、また２０１４年から２年間は、広島東洋カープで活躍して後に監督までつとめた名捕手・達川光男さんがバッテリーコーチとして指導に当たった。達川さんは後に、２０１８年日本シリーズのＭＶＰに選ばれた福岡ソフトバンクホークスの甲斐拓也捕手を育てた。この２人がチームにいながらにしてもなかなか「正捕手」は育てられなかった。２０１７年シーズン前には、エース吉見一起投手が「自分のテーマはキャッチャーを育てること」と宣言したほどに待望久しい存在。たしかに他の球団を見渡しても「正捕手」の座はハードルが高い時代なのだろう。「打ってよし守ってよし」だった木俣、中尾、中村そして谷繁という「正捕手」の系譜がファンとしては懐かしい。

与田新監督の下、この章で名前を挙げてきた名捕手の内の2人、伊東勤さんと中村武志さんが1軍コーチとしてベンチに加わった。待望久しい「正捕手」誕生に期待が高まる2019年シーズンを迎えた。

5　代打の切り札を待ちわびて

1974年（昭和49年）に発売された「燃えよドラゴンズ！」の5番の歌詞である。

一発長打の大島君
代打男の江藤君
スイッチヒッターウィリアム
期待のルーキー藤波君

いいぞがんばれドラゴンズ
燃えよドラゴンズ！

実はここに登場する選手たち、大島康徳、江藤省三、ジミー・ウィリアム、そして藤波行雄の4人はこの年、主に代打として活躍し、20年ぶりのリーグ優勝に貢献したのだ。江藤選手は「代打の切り札」的な存在だったが、後の選手はいずれもレギュラーとしても十分通用した。そんな力のある選手たちが「代打」の役割を担っていたのだ。

その後のドラゴンズ球団史で、「代打の切り札」として思いつくのは、川又米利選手である。王貞治さんと同じ早稲田実業高校からドラゴンズ入り、甘いマスクと微笑み、そしてシュアなバッティングは多くのドラゴンズファンを魅了した。１９８０年代から９０年代にかけて活躍し、代打本塁打16本を記録した。レギュラーだった選手がやがて代打に回ったケースもあった。選手として晩年を迎えつつあった立浪和義選手は、２００９年に引退する前の3年ほどは「代打の切り札」として勝負強いバッティングを見せて何度も勝利に貢献した。

Ｂクラスに低迷した２０１３年から２０１８年までの6年間、ドラゴンズの「代打の切り札は誰だったのだろうか。ひとり名前が浮かぶのは小笠原道大さん（現2軍監督）。ドラゴンズの選手としてプレーしたのは２０１４年と１５年のわずか2年だったが、あのフルスイングはドラゴンズファンには頼もしく、相手チームとファンには脅威だった。

２０１８年シーズンは規定打席に達した打撃30傑のなかに、リーグ最多の７人が名を連ねた。首位打者のダヤン・ビシエドを筆頭に、平田良介、ソイロ・アルモンテ、大島洋平、福田永将、高橋周平そして京田陽太。ドラゴンズから打撃30傑に７人が入ったのは、２００８年以来11年ぶりである。しかし、それは反面、レギュラーをおびやかす控え選手がいなかったことの裏返しとも言える。ファンとしては、代打でその選手の名前が告げられたときに「勝負どころ！」とばかりにスタンドからどっと声援を送りたい。思い切り沸きたい。

代打をつとめることができる選手がいかにたくさんいるか。これは打撃陣の層の厚さに関係してくる。Ｂクラスが続く６年間の２軍の成績を見ると、２０１６年と１７年の２年間こそウエスタンリーグで２位だったが、残り４年間は５位、ウエスタンは５球団しかないので、すなわち最下位である。２０１４年は１位の福岡ソフトバンクホークスに29ゲーム差をつけられたと思ったら、翌１５年は33ゲームも差が開いた。１軍に選手を送り込む役目を担うファームだが、なかなか１軍に上げる選手が見つからなかったのかもしれない。２０１８年シーズンも39勝64敗14分、１位の阪神タイガースとの差は26・５ゲームだった。２００７年には１軍と２軍それぞれが日本一になったドラゴンズ。〝兄弟〟そろって強いドラゴンズの姿が忘れられないファンは多い。

「氷山のごとく」という言葉がある。氷山は海の上で姿を見せている部分はわずかであり、水面下に大きな塊がある。ドラゴンズ打線がそんな「氷山のごとき」チームに復活する日を楽しみに待ちたい。

6　ナゴヤドームを満員にしよう

いつの頃からかドラゴンズのホームゲームが話題になるときに、「ナゴヤドームの客席が空いているね」という言葉が聞かれるようになった。

ナゴヤドームが開場したのは１９９７年(平成９年)。その年ドラゴンズは最下位だったものの、全64試合に２５２万２５００人が訪れた。１試合平均にすると３万９４１４人。この年を最多としながらも、１試合平均３万人という観客数はキープしていた。

「強いけれど満員にならない」と一部で言われた球団初のリーグ連覇、２０１０年と２０１１年も３万人には達していた。ところが、６年連続のＢクラスが始まった２０１３年に初めて３万人を切り、１試合平均２万８７０７人に落ち込んでしまった。このシーズンの年間の観客数も１９５万２０８７人と、これも初めて２００万人を割った。その後、２０１６年はシーズン途中で谷繁元信監督から森繁和ヘッドコーチへ指揮官が代わり、成績は最下位だったものの辛うじて3万人を超えたが、翌2017年は1試合平均が過去最低の2万8619人だった。ドーム初年度から実に1万人以上も減ったことになる。

Bクラスで低迷するドラゴンズ、その成績が観客動員に影響しているのも要因だが、ナゴヤドーム側も手をこまねいていたわけではない。2017年シーズンには〝セ・リーグ本拠地球場では最大スケール〟という巨体ビジョン、横幅が106メートルもあるため「106ビジョン」と命名された3画面のスクリーンを導入して、観戦の魅力アップを狙った。ゲーム終了後もカラフルな照明による演出でファンを楽しませる工夫がされている。しかし、観客を楽しませるという点ではまだまだ変革の可能性がある。

福岡ソフトバンクホークスの本拠地ヤフオクドームの楽しさはよく知られているが、ここ数年で画期的に変貌したのは横浜スタジアムであろう。クラフトビールやおつまみのメンチカツなどすべてオリジナル。ゲーム前もゲーム中も観客を楽しませる工夫にあふれている。ナゴヤドームでも客席を場内カメラでスクリーンに映し出すのだが、ハマスタでは映った観客に場内DJが語りかけて楽しく〝いじる〟。その上で画面に映った人はその写真をプリントアウトしてもらい持ち帰ることができるという。一枚上手《うわて》だ。最も驚いたのは、プレイボール直前の風景だった。選ばれたファンの子どもたちが内外野それぞれのポジションに走って着く。そこにベイスターズのスタメン選手が紹介されながら向かう。これもナゴヤドームでおなじみの風景、握手でバトンタッチして交代かと思うと、それでは終わらないのだ。その場で子どもたちのユニホームに選手たちがサインをする。子どもたちの背丈に合わせるために、選手たちはグラウンドにひざまずいてペンを走らせる。あの不動の4番・筒香嘉智選手もレフトで芝に膝をつきサインをする。そしてそれを場内スクリーンで大きく映し出す。子どもたちはもちろん、その親や周囲の人たちは当然大感激、「私たちはファンの皆様を心から大切にしています」というメッセージが胸に響かないファンはいないだろう。そして、これらは決してむずかしいサービスではない。その気になれば……。

2018年シーズンに、ドラゴンズに救世主がやって来た。〝平成の怪物〟松坂大輔投手である。平成最後のシーズンであり、甲子園大会100回目の年であり、そこに因縁を感じる。この「松坂効果」についてはいうまでもない。ドラゴンズにとって待望久しかった全国区のスーパースターであり、ナゴヤドームの観客動員数も1試合平均3万1115人と8年ぶりに高い数字、前年比8.7%増と大きく伸びた。しかし忘れてはいけないのは、前年が過去最低だったという事実である。1試合平均3万人を超えたとはいえ、過去の絶頂期にはほど遠い。まだまだ増やす余地はある。

そんな心配を吹き飛ばしてくれそうな期待を運んでくれたのが2018年のドラフト会議だ

った。ドラゴンズは高校球界のスーパースター根尾昂選手の指名に成功。ドラゴンズファンはもちろん、本拠地を中心に多くの人たちの明るい話題になった。２０１９年シーズン、ナゴヤドームでは松坂そして根尾という２人のスーパースターの競演が見られるかもしれない。

ファンサービスの道は果てしなく続く。だからこそ、次々と新しいアピールが必要だろう。しかしその道は決して険しい道ではない。与田新監督を迎えたドラゴンズは「地域に密着しファンを喜ばせるチームをめざす」と明快な姿勢を打ち出した。その気概があればナゴヤドームが連日満員になる日も遠くない。

II

森ドラゴンズ闘いの日々

―星野追悼、松坂躍動、ビシエド猛打―

苦闘の中にも光あり、森ドラゴンズ

中日ドラゴンズの苦しい戦いが続いている。球団創設80周年の記念イヤーだった２０１６年（平成28年）は19年ぶりに最下位に沈み、４年連続Ｂクラスという球団ワースト記録を更新してしまった。谷繁元信監督がシーズン途中に休養するという、80周年のお祝いにはほど遠いシーズンだった。

そして、森繁和新監督を迎えての２０１７年シーズン。現在まで１００試合余りを戦ってきたが、２ケタの借金を抱えての５位と、なかなか勢いに乗り切れない。

しかし、キラリと光るゲームも数々ある。最近では８月６日、東京ドームでの讀賣ジャイアンツ戦。先制した１点を守備のミスもあって４対１と逆転された。しかし藤井淳志選手の初球打ち３ランで同点にすると、８回にルーキー京田陽太選手が再びリードするタイムリーヒット。それを日本ハムからトレードで移籍したばかりの谷元圭介投手が０点でつなぎ、そして……。９回のマウンドに上がったのは今シーズン不動の抑えである田島慎二投手ではなく、岩瀬仁紀投手だった。岩瀬投手にとって、この登板はとてつもなく重いものだ。なぜなら、２日前の試合で記録に並んだ歴代最多登板の単独トップに立つ950試合目だったからである。このところ田島投手が東京ドームの抑えで失敗続きということもあるのだが、ベンチは実に粋な采配をするものだと感心した。ましてや相手はジャイアンツなのだ。岩瀬投手は9回を抑え404セーブ目によって950試合登板という大記録に自ら花を添えた。

そしてこの記念ゲームをさらに光ったものにしたのが、守備陣の〝ファインプレー〟である。一死一・二塁のピンチ、坂本勇人選手の大飛球はセンター大島洋平選手によって好捕されたが、スタートしていた一塁ランナー重信慎之介選手がすでに越えていた2塁を踏み直さずに1塁へ戻るという帰塁ミス。野球規則により「通過したベースを踏みなおさねばならない」のだが、これをドラゴンズの内野陣が見落とさず、プレー再開とともにアウトにしてゲームを終えたのだ。野球には実に様々なルールがあるが、グランドの上でそれを実践することは鉄則。ましてこれはアピールした場合に適用されるプレーなのだ。ドラゴンズナインが集中してゲームに臨んでいた証しであろう。岩瀬起用というベンチ好采配と共に、2017年シーズンの歴史に刻まれる一試合となった。

「見逃さない」プレーは今年もうひとつあった。6月10日、京セラドームでのオリックスバッファローズ戦。ホームランを打ったクリス・マレーロ選手が本塁ベースを踏まなかったことをドラゴンズの松井雅人捕手が見逃さず、ホームランは取り消しとなった。かつて高校時代に読んだ野球漫画『ドカベン』で、岩鬼正美選手が夏の甲子園大会決勝でホームランを打つも三塁ベースを踏み忘れるミスを冒したが、ふとそれを思い出す珍しいシーンだった。こうしたドラゴンズ選手の緻密なプレーを見ると、野球ルールを熟知していた落合博満監督に率いられ優勝を繰り返した2000年代初頭の頃を懐かしく思い出す。

反対に「おや?」と思う采配もあった。4月1日の開幕2戦目ジャイアンツ戦。前夜の開幕戦では、ルーキー18年ぶり開幕スタメンという京田選手が初ヒットを打つなど躍動。しかし2戦目は相手が左投手ということもあってかスタメン落ちしたことだ。若い選手は勢いが出ると強さを発揮する。その後の京田選手の活躍を見ればなおさらである。

もうひとつは、荒木雅博選手の2000安打がかかった6月3日の東北楽天ゴールデンイーグルス戦の1回裏。先頭の京田選手がヒットで出塁した後、記録まで残り1本となった荒木が打席に入る。ここは送りバントが定石だが、ベンチは荒木選手にバントではなくそのまま打たせたのだ。少しでも早く記録達成を期待する気持ちは誰もが同じ。しかし野球はチームが勝たなければならない。ここは迷いなく、送りバントでいくべきだった。〝個〟にこだわっていては〝チーム〟は勝てない。2007年日本シリーズでは、完全試合目前の山井大介投手を岩瀬投手に交代させた采配があった。森監督はシーズン前に宣言したように各コーチを信じて、ベンチ全体でゲームに臨んでいる。おそらく、監督というよりベンチ全体の判断なのだろうが、私だけでなく竜党仲間からも「あそこは送りバントだった」と同じ意見が届いた。

２０１７年ペナントレースも残り試合数が３割を切った。暑い夏にもやがて秋風が吹く。こうしてドラゴンズの戦いに好き勝手なことを言えるのもファンの特権である。そしてその特権を存分に活かすためにも、球場に足を運んだり、テレビやラジオの中継で応援したり、とにかく〝おらがドラゴンズ〟の戦いを見ていてほしい。愛してほしい。それがチームを強くするために、ファンが歩む最も近道だと思う。


(2017.08.08)

背番号に物申す

横浜スタジアムを吹き抜ける夏風は、一瞬にして日中の暑さを忘れさせるものだった。

屋外球場でナイターを観戦するのは一体いつ以来のことだろうか？　１９９６年（平成８年）10月、翌年からナゴヤドームに本拠地を移す中日ドラゴンズのシーズン最終戦を観たナゴヤ球場以来、実に21年ぶりか……。幼き頃から中日スタヂアムそしてナゴヤ球場といった〝屋根のない球場〟に通った自分にとっては実に懐かしい夏風である。

ハマスタ特製のクラフトビールの美味しさに驚き、場内カメラが観客を映し出しアナウンスで〝いじる〟演出に笑い、横浜ＤｅＮＡベイスターズのオフィシャルサポーティングガールズ「diana（ディアーナ）」に合わせてスタンドで踊る子どもファンに圧倒され、そしてスターティングメンバー発表。先攻であるドラゴンズの先発メンバーを見ながら思った。背番号の数字が重い……。

今シーズンに入って、ベンチ登録メンバーを見ると、内野手が荒木雅博選手の「2」の次がいきなりアレックス・ゲレーロ選手の「42」となっていて驚いたことがあったが、横浜スタジアムで「京田、谷、大島、ゲレーロ……」と読み上げられる選手の背番号の大きな数字をあらためて実感した。

この試合のスターティングメンバー8人（投手除く）の背番号の合計数は「３３４」だった。最も小さな数字が藤井淳志選手の「4」、最も大きな数字が谷哲也選手の「70」。ドラゴンズの中心選手の背番号について、選手の名前が入った応援歌「燃えよドラゴンズ！」から振り返ってみたい。

20年ぶりにセ・リーグ優勝をした１９７４年（昭和49年）、最初の「燃えよドラゴンズ！」で歌われた、１番の高木守道選手から始まり、谷木↓井上↓マーチン↓谷沢↓木俣↓島谷↓広瀬と続いた〝伝説の〟スタメン8選手、その背番号の合計は「67」である。

〝野武士野球〟を旗印にセ・リーグ優勝した近藤貞雄監督の1982年（昭和57年）は、最終戦まで首位打者を争った1番の田尾安志選手から始まり、平野→モッカ→谷沢→大島→宇野→中尾→田野倉。これで背番号合計「133」。このときに背番号「57」だった平野謙選手は翌年から背番号「3」に変わるので、そうなると一気にマイナス54で「79」。

落合博満監督の下で、球団初の連覇をめざした2005年（平成17年）は、2000安打を今年達成した1番荒木雅博選手から始まり、井端→立浪→ウッズ→福留→アレックス→森野（井上）→谷繁という8選手で背番号合計「95（96）」。こう振り返ってみると、いかに今季、一軍のゲームで出場している選手の背番号が大きい数字かがわかる。誤解してはいけないのは、背番号の大小で選手の活躍が決まるのではないということ。代表的な例はイチロー選手で、「51」という数字を背負い続けている。この夜の相手、ベイスターズだって田中浩康選手「67」、首位打者争い中の宮崎敏郎選手「51」と大きな番号を背負っている。当のドラゴンズでも野手で今年最も目立っているルーキー京田陽太選手が「51」なのだ。それでも、やはり野球の場合、グラウンドには9人なのだから、背番号は若い数字に注目してしまう。

ドラゴンズの背番号の系譜を見るにつけて、ここ数年は、期待されて若い数字の背番号をもらった選手、またはドラゴンズ栄光の名選手背番号をもらった選手が活躍できていない。長年ドラゴンズを愛し続けているファンの立場としての思いであるが、ファンは好きな選手の背番号の入ったユニホームやタオルを買って球場で応援したい。その数字はわかりやすいものがいいし、伝統の名背番号がいいいし、もちろん必ずゲームに出場してほしい。せっかくその背番号グッズを買った選手が、時々しか出場しない、ましてや一軍ベンチにいない。シーズンオフには既存番号のシャッフル含めて背番号の再編成に期待したい。

ハマスタ観戦でもうひとつ印象に残ったことがある。山崎康晃投手含めてリリーフ投手が打者に投げる直前に、球場全体に自然に巻き起こる拍手。それは応援団にリードされるのではなく自然にハマの夜空に響き、ベイスターズ選手を温かく包み込んでいた。

シーズンも残りわずか、依然として竜の苦しい戦いが続く。ファンとしてビジターの球場に身を置きながら、３塁側ベンチに熱い思いを送る……ドラゴンズ頑張れ！

(2017. 08. 21)

ナゴヤドームへ行こうよ！

メジャーリーグでのプレイ経験もある中日ドラゴンズＯＢでプロ野球解説者の川上憲伸さんが、こんな話をしてくれた。

「アメリカの野球場はまったく野球を知らない人が半分いても楽しむことができる」と……。

２０１７年プロ野球ペナントレース公式戦が終わった。ドラゴンズの本拠地ナゴヤドームの観客数は、ＮＰＢの資料から算出すると全69試合で１９７万４７２４人。２年連続で２００万人を割った。今から21年前にオープンしたナゴヤドームは、最初の年である１９９７年(平成９年)には全64試合で２５２万人がつめかけた。これを最多としてその後は年によって数にばらつきはあるものの全体としては減少し、今季は１試合の平均観客数が２万８６１９人とナゴヤドーム開場以来、最も少ない数字となった。ドーム初年度から１万人余りも少なくなっている。７月には３試合で２万人を割り、その内の１試合が人気の讀賣ジャイアンツ戦だったことには衝撃が走った。ドラゴンズは今年で５年連続Ｂクラスと低迷しているが、この５年間２００万人を超えたのは２０１５年の一度だけとあって、チーム成績はもちろん影響している。しかし、落合博満監督に率いられた２００４年(平成16年)からの８年間、４度のリーグ優勝を成し遂げＡクラスから一度も落ちなかったいわゆる〝黄金時代〟でも観客数は飛躍的に伸びなかったのだから、一概にチーム成績だけが理由ともいえないのだろう。

思い起こすのは、2009年（平成21年）、かつての広島球場が「Mazda ZOOM-ZOOM スタジアム広島（マツダスタジアム）」として生まれ変わった今から8年前のことである。パーティデッキには「焼き肉テラス」が作られ、バーベキューを楽しみながらゲームを観戦できる趣向なのだが、長年のプロ野球ファンである私は「神聖なプロ野球の試合を焼き肉バーベキューしながら見るなんて……」とかなり冷めた思いであった。しかし、今日のカープ人気そしてマツダスタジアムの大入り満員を目の当たりにするにつけて、自分の考えは時代の流れから見れば古かったのだと思っている。

このように、メジャーだけでなく日本におけるプロ野球の球場は大きく変貌している。ソフトバンクやＤｅＮＡも本拠地球場を買収して観客サービスに乗り出した。東北楽天ゴールデンイーグルスの「ｋｏｂｏパーク宮城」（現・楽天生命パーク宮城）は広島と同じバーベキュー施設に加え、観覧車まで併設している。まるで遊園地だ。日本ハムは新球場計画を進め、そこでは商業施設や飲食街などを設けて野球観戦以外にもファンに楽しんでもらう「ボールパーク構想」を持っている。こうした動きは、川上憲伸さんが語ってくれたメジャーの球場とマッチしている。「野球を知らない人が半分いても楽しむことができる」のだ。

ナゴヤドームも2017年シーズンに〝セ・リーグ本拠地球場では最大のスケール〟を売り

物にした巨大ビジョンを新設した。横幅が106メートルのため「106ビジョン」と名づけられたスクリーンは、3つの画面を駆使して今季の観戦を楽しませてくれた。人工芝をより濃い緑色に張り替えたり、カラフルな演出ができるようアリーナ照明をLED化したりする来季への改修計画もつい先日発表された。しかし、「106ビジョン」も大きな話題になったとは言えない。フルハイビジョンであるこのスクリーンで上映される映像を観るためだけでも入場料を払いたくなる……そんな画期的な映像などをぜひ観てみたい。

一方で、観客動員はドーム施設側だけの責任ではない。球団と選手たちにもかかっている。グラウンドでのエキサイティングなプレイは理屈なしにファンの心に刺さり、ファンを球場に招く。そしてプレイと同時に、グラウンド外におけるファンへのアピールも大切だ。

名古屋市営地下鉄の駅からナゴヤドームにつながるコンコースの壁には、毎年、すべての選手の大きな写真パネルが飾られる。先年『愛しのドラゴンズ！ ファンとして歩んだ半世紀』という本を出版する機会に恵まれ、そのなかで「なぜ選手一人一人が自分のパネルにサインをして、ファンへのメッセージを書かないのか」と訴えたところ、球団トップの決断によって、2016年シーズンは各選手のサインが書き込まれた。ひとりのファンとしては光栄な驚きだったが、今シーズンになりパネル写真が新しく貼り替えられるとサインは姿を消した。時のトップから言われたからやった……ではあまりに寂しいことであり、選手それぞれが自主的に動いてしかるべきことだと思った。ヒーローインタビューでは毎回どの選手も必ず「応援に来てください！」と呼びかけているのだから。ファンにとって選手からのアプローチは心から嬉しいものなのだ。

そして、施設側、選手側と共に、何よりこのファンの力も欠かせない。現役時代の落合博満さんがこんなことを言っていた……「オレは日本に12しかない会社に選ばれた社員だ」と。だからこそ強いプライドを持って仕事しているという意味だったのだが、この12しかない会社、すなわち12のプロ野球チームがある都市は国内でも限られている。ちなみにサッカーのJリーグは、J1からJ3まで合わせて54もの球団があるから、プロ野球のチーム数12は希少価値だといえよう。それだけにプロ野球のチームを持つ地元は、熱い思いを持って応援したい。その声援が選手のエキサイティングなプレイを呼び、野球場が〝最高に楽しいボールパーク〟になると信じて……。

（2017.10.19）

ドラフトの神様が微笑んだ相手

ドラフト会議の会場で〝野球の神様〟が微笑む瞬間を見た。

プロ野球ドラフト会議が開催されたホテルに一歩足を踏み入れたとき、突然の熱気に身体が包まれた。「清宮ドラフト」と言われるように、2017年ドラフト会議は、高校通算111本塁打を記録したスラッガー清宮幸太郎選手（早稲田実業）に何球団の指名があるのか、そして、どこのチームが獲得するのか、この一点に日本中の関心が集まっていた。その熱気は会場だけではなく、ホテル全体に充満していた。

結果は7球団が1位指名をして、北海道日本ハムファイターズがクジを引き当て、スーパースターの交渉権を獲得した。

日本ハムのドラフト戦略は一貫している。「その年の一番いい選手を指名する」……この方針に揺るぎはない。2004年（平成16年）のダルビッシュ有投手から始まり、2007年は中田翔選手、2010年は斎藤佑樹投手を指名して獲得。2011年には入団しない意向を伝えられながらも果敢に菅野智之投手を指名して、抽選に勝ったものの入団拒否を受けた。それでも翌年、メジャー志向で各球団が敬遠した〝二刀流〟大谷翔平選手を指名して入団させたことは記憶に新しい。そして今回も……。日本ハムの木田優夫GM補佐が抽選に勝ち、高く手を上げたとき、会場には「やっぱり日本ハムか」というどこか納得した空気が流れた。チームの潔さに〝野球の神様〟はまたしても微笑みを返した。期せずして栗山英樹監督も語った……「野球の神様が大切な宝物を預ける決断をしてくださった」。2017年ドラフトも歴史に新たなドラマを刻んだ。

これまでもドラフト会議は過去に数々のドラマを生んできた。まず思い出されるのは江川卓投手である。高校時代も大学時代もドラフトの舞台でその進路に注目が集まったが、讀賣ジャイアンツが強行に入団を進めた1978年（昭和53年）のいわゆる「空白の一日」は、ドラフト会議はもちろん、プロ野球史に残る出来事だ。PL学園のKKコンビ、桑田真澄投手と清原和博選手の入団をめぐる一幕も今なお印象に残っている。近鉄バファローズ（当時）の佐々木恭介監督が、清宮選手と同じ7球団のくじ引きの末、PL学園の福留孝介選手を引き当てた「ヨッシャー！」という雄叫びも耳に残っている。数え上げればキリがない。

ドラフト会議は新戦力を獲得する場であると同時に、球団をアピールする場としても捉えることができる。特に1位入札と指名の瞬間がテレビの地上波で生中継されるようになってからは、その意味合いも増している。最近では、ソフトバンクホークスの工藤公康監督。2015年は3球団競合の高橋純平投手、そして1年前の2016年は5球団競合の田中正義投手の当たりクジを見事に引き当てた。全国の野球ファンにチームの勢いを見せつけた。中日ドラゴンズで言うならば、1986年（昭和61年）ドラフトで監督に就任したばかりの星野仙一さんが、5球団が競合した地元の近藤真一（現・真市）投手を引き当て、高らかにガッツポーズをした場面が思い出される。チームはあの勢いそのままに2シーズン後にセ・リーグ優勝をした。今回のドラフト会議で清宮選手を1位指名した日本ハムは、7位では東京大学法学部の宮台康平投手を指名して、これも大きな話題になった。球団アピールとしては大成功のドラフト会議だったと言えよう。

ずっと言われ続けている言葉だが、上位指名の選手が必ずしも活躍するとは限らないのがプロ野球の世界。スカウトの目利きの次は、育てるコーチの手腕、起用する監督の采配、そして何より選手本人の自覚と努力。一流のプロ選手が生まれるためには、こうした複合要素が成就する必要がある。ドラフト会議はあくまでもスタートラインである。

中日ドラゴンズにとって今回はどんなドラフトだったのだろうか？

1位指名の抽選では甲子園のスター中村奨成捕手を獲得することはできなかった。球団の勢いをアピールすることはできなかったが、ドラフト前に1位指名候補として挙げていた5人の内2人の投手を、1位と2位で獲得できたことは大きな収穫だった。森繁和監督のインタビューを間近で聞きながら、監督が本心から欲しかったのは、代わりに1位で獲得できたヤマハの鈴木博志投手だったのではと確信した。その鈴木投手には、かつて同じドラフト1位で活躍した与田剛投手（現・楽天コーチ）のように、抑え投手として開幕から活躍してほしい。そしてすべて高校生だった残り５人の指名選手たち。５年連続Ｂクラスと苦しむドラゴンズには勢いのある若い力が必要である。２、３年後など悠長なことは言わず、いきなり飛び出してきてほしい。〝野球の神様〟は普段はドラフト会議の会場にはいない。グラウンドでひとりひとりの選手を見守っている。それは全国各地の野球場で、そして、もちろんナゴヤドームでも……。

(2017.10.27)

日本シリーズこれでいいの？

この制度がなかったら、２００７年(平成19年)中日ドラゴンズの53年ぶりの日本一はなかった。セ・リーグ２位からの日本シリーズ出場だったのだから……。その意味では、この制度を無下に否定はしたくない思いもある。しかしこれでいいのだろうか？　プロ野球でレギュラーシーズンを終えた上位チームが、日本シリーズ出場をかけて争うクライマックスシリーズ（以下ＣＳ）制度である。

２０１７年のプロ野球日本シリーズが終わった。

パ・リーグの覇者である福岡ソフトバンクホークスとセ・リーグ3位からCSを勝ち上がった横浜DeNAベイスターズの熱戦によって、今年のシリーズも盛り上がったと言えるだろう。特に、シーズンで14・5ゲーム差をつけられていた広島東洋カープをCSで破って日本シリーズに進んだDeNAラミレス監督の采配は「短期決戦に強い」と注目された。データに基づく緻密な選手起用と勝負どころでの積極的な投手交代によって、3連敗の後に2勝してあわや逆転日本一かと勢いを見せた。

一方のソフトバンクもシーズン中のケガから復帰した内川聖一選手を待っていましたと4番に起用し、また日本一を決めた第6戦で守護神デニス・サファテ投手に初の3イニングを投げさせた工藤公康監督の采配が光った。両チームのハイレベルな戦いによって、2017年のプロ野球も大団円となったが、もしあのままソフトバンクが4連勝して日本一になっていたら、おそらく「CS制度はこのままでいいのか？」という議論が持ち上がったはずである。片方はシーズンで2位に13・5ゲーム差をつけて優勝したチーム、もう片方は1位に14・5ゲーム差をつけられた3位のチーム。いくらルールだと言っても、日本一を争う対戦なのだろうか？長いシーズンを戦った重みはどこにあるのだろうか？　広島東洋カープが出場していたらどんな戦いをしたのだろうか？

ここで日本シリーズの思い出を辿る。CSという制度がない時代でもその歴史には数々の熱戦があった。讀賣ジャイアンツが９連覇を達成した期間の１９７１年（昭和46年）、日本シリーズ第３戦、王貞治選手が、完封を続けていた阪急ブレーブスのエース・山田久志投手から打ったサヨナラ逆転３ランは、ドラゴンズファンながらも感動した名勝負だった。この年が７連覇目だった。

他にも、１９７８年（昭和53年）ホームランをめぐる阪急ブレーブスの故・上田利治監督の猛抗議、１９８６年（昭和61年）最終戦で見せた西武ライオンズ秋山幸二選手のバク転ホームイン、翌年の同じライオンズ清原和博選手の涙……。そして何と言っても、「江夏の21球」として語り継がれる１９７９年（昭和54年）、広島東洋カープと近鉄バファローズ、３勝３敗で迎えた第７戦。１点リードでマウンドに上がったカープの江夏豊投手は、無死満塁という絶体絶命のピンチを21球によって抑え、日本一を勝ち取った。パ・リーグには２チームによるプレーオフがあったが、そのいずれもＣＳという制度が導入される前のことである。両リーグの覇者同士による素晴らしいシリーズ対戦であった。

２００７年からのＣＳ導入によって、シーズン後半の各チームの戦い方が明らかに変わった。ある時点からはＣＳ出場権を得るため、３位以内に入ることを目標に舵を切るゲームが見られる。それが首位チームにさらなる独走を許す要因にもなり、大差での優勝につながっているとも言える。一方で、今シーズンはセ・リーグ６球団の観客動員数が史上初めて１４００万人を超え、2年連続で最多更新をしたが、もしCSがなかったなら「消化試合」が増えて、記録は更新できなかったかもしれない。CSが果たしている役割は重要だという現実がある。しかし、プロ野球は選び抜かれた選手がグラウンドで最高のプレイを見せる場、入場料を払って野球場を訪れるファンにとっては一期一会ならぬ「一試合一会」である。本来CSの有無にかかわらず、「消化試合」などあってはならないと思うのだが……。

両チームの熱き戦いによって、結果的には盛り上がった2017年日本シリーズ。広島東洋カープがCSで敗退し日本シリーズに進めなかったときに巻き起こった、CSのあり方をめぐる議論も静かになっている。〝下剋上〟の看板を背負ったDeNAの戦いは見事だった。しかし、これで満足するのではなく、現行のCSのあり方を含めて、NPB（日本野球機構）には常に魅力ある日本プロ野球のために、検証と改善を進め続けてもらいたい。

(2017.11.07)

ドラゴンズもっと目立ってよ！　―新入団選手発表の会場より―

プロ野球の新入団選手発表はいいものである。ドラフト会議で指名され、これからプロ野球の世界に飛び込んでいく若い選手の夢と希望が、ほどよい緊張感のなかで咲く。

2017年11月27日に名古屋市内のホテルで行われた中日ドラゴンズの新入団選手発表会場では、育成を含む8人の若竜たちが真新しいユニホームに身を包み登壇した。将来の夢について「首位打者」「奪三振王」「盗塁王」など次々と大きな目標が飛び出す。「清宮（幸太郎）選手から空振りを取りたい」という高校生投手もいた。その志《こころざし》や良し。

「明るい話題は京田だけだよね」……このシーズンオフ、周囲にいる複数のドラゴンズファンがほぼ同じような言葉を口にしている。現状まったくその通りだ。

5年連続のBクラスと低迷を続ける中日ドラゴンズだが、オフに入って正直あまり目立つニュースがない。1年前は森繁和新監督が誕生し、最下位ながらもそれなりに話題にはなっていたと記憶する。「だけ」と言われる京田陽太選手は、ルーキーイヤーの2017年、ショートのレギュラーとして活躍、セ・リーグの新人王にも選ばれた。

新人王発表直前の「アジアプロ野球チャンピオンシップ」でもスタメンとして優勝に貢献した。ドラゴンズにとって待望久しい若いレギュラー野手だが、京田選手の後が誰も続かない。来季への胸ときめく話題が少なすぎる。

オフの大きなイベントである11月のドラフト会議を前に、来季に向けてドラゴンズが補強したいポイントを整理してニュース解説でも紹介した。課題は多い。5つもあった。①先発投手

②抑え投手　③正捕手　④代打の切り札　⑤スター選手

実は現時点、そのどれもがクリアされていない。ドラフト1位指名で入団した鈴木博志投手はクローザーを希望しており、かつての与田剛投手（現・楽天コーチ）のようにルーキーでいきなり活躍できれば②は解決する。ただ入団会見で森監督も「決めるのは監督である私」と明言したように、これから適性を見ての話となる。

現在進行中のＦＡ交渉で捕手を獲得できれば③もメドは立つ。しかし、新入団選手を見渡しても将来はともかく①と④は未解決。さらに今のドラゴンズに実は最も必要な⑤、単なるスター選手でなく「全国区のスーパースター」を求めたいのだが、清宮幸太郎選手の指名を見送った瞬間に潰えた。１位の抽選で〝甲子園のスター〟中村奨成捕手を広島東洋カープに獲られてしまったこともそれに輪をかけた。逃した中村捕手が1年目から活躍できるかどうかはともかく、「クジを外した」という悔しさとマイナスイメージは残った。京田選手は⑤を満たす選手になる可能性は十分にあるが、まだこれから先のことである。

なぜ「全国区のスーパースター」が必要なのか？

本拠地ナゴヤドームの入場者数は1試合平均の観客数が2万8千人余りと、ナゴヤドーム開場21年の歴史のなかで、過去最低だった。スポーツは１人のヒーローによって一夜にして構図が変わる。勝つことはもちろん至上命題だが、５年連続Ｂクラスと低迷が続くチームには強力な〝起爆剤〟が必要なのだ。沖縄には行かず、ナゴヤ球場だけで全日程を行った秋季キャンプも、特に目立った話題もなく終了した感が否めない。

今オフのドラゴンズには何だか〝凪〟のような日々が続いている……。

オフの主役チームは、いうまでもなく北海道日本ハムファイターズだった。全国区のスーパースター大谷翔平選手を米メジャーリーグに送り出し、そして同じく全国区のスーパースター清宮選手をドラフト1位指名の抽選に勝って迎え入れた。ドラゴンズに先がけて行われた入団会見の会場はホテルなどでなく、札幌市の大倉山ジャンプ競技場。真っ白な白銀の世界での新戦力お披露目だった。さすがといわざるをえない。

8人の若竜が加わったドラゴンズ、かくなる上は来季のペナントレースで主役の座を勝ち取るしかない。そのために、選手たちすべてにはオフの日々を心して過ごしてほしいと願う。Bクラスが続く球団史上ワースト記録は今なお継続中なのである。オフの日々は短い。球春はあっという間に訪れる。

(2017.11.27)

弔辞　―中日ドラゴンズ星野仙一投手へ―

新年最初のコラムで、まさか貴方へのお別れの言葉を述べることになるとは想像もしていませんでした。星野仙一さん。１９６９年（昭和44年）中日ドラゴンズ入団のときからずっと見守ってきたドラゴンズファンとして、思いを語らせていただきます。

ドラゴンズファンとして星野投手が大好きでした。エースナンバー背番号「20」を背にマウンドで躍動する姿にいつも興奮しました。何より讀賣ジャイアンツに強かった。生涯１４６勝の内、巨人からの35勝は見事です。そして、そのジャイアンツの10連覇を阻止して、ドラゴンズが20年ぶりのセントラルリーグ優勝を決めた瞬間のマウンドには、貴方が仁王立ちしていました。１９７４年（昭和49年）10月12日のことです。私にとってこの優勝以上に嬉しい優勝はその後もなく、今後もないと思います。

その前夜の神宮球場、土壇場で同点に追いつき優勝マジックを2としたマウンドにも貴方がいました。鬼気迫る投球に、私は翌日の優勝を確信しました。

私が最も好きな貴方のマウンドは、１９７８年（昭和53年）８月10日ナゴヤ球場。相手はやはり讀賣ジャイアンツでした。私の日記にはこのゲームのことが詳細に記されています。４対３

の1点差リードで迎えた7回表、無死2、3塁というピンチでリリーフに立った貴方はその回を抑える。そして1点差のまま迎えた運命の9回表。今度は一死満塁でバッターボックスには四番の王貞治選手。外野フライで同点、ヒットなら逆転という絶体絶命の大ピンチでした。結果はセカンドゴロでダブルプレイ。高木守道二塁手の軽やかな守備での併殺、そして貴方のガッツポーズ。今でも鮮明に目に焼きついています。

ゲームの後、球審が語った言葉に震えました……。「星野投手の球そのものに気合いが入り、何とも言い表せない勢いが加わった。最後の一球は真っ直ぐ来たのに、王が打とうとした瞬間になぜか球が不意に小さく変化した」。

当時の王選手が二塁に併殺ゴロを打つことはほとんどありませんでした。「気合いによって直球が微妙に変化する」……まさに〝燃える男〟星野仙一の渾身の一球でした。

私の日記はこう締めくくられていました「星野はすばらしい男だ。すばらしく燃える男だ。星野と稲尾（和久）コーチの握手の強く長かったこと！　この夏もこれで悔いなし！」。

ドラゴンズファンとして星野監督が大好きでした。最高の戦略家でもあり演出家でもありました。２年連続三冠王の落合博満選手を１対４の大型トレードで獲得、度肝を抜かれました。新監督として初めて臨んだドラフト会議で、５球団による抽選に勝ち見事に近藤真一（現・真市）投手を引き当てたガッツポーズ。貴方はその近藤投手を高卒ルーキーだった夏にジャイアンツ戦に初登板初先発させて、伝説のノーヒットノーランを実現させせました。

次のドラフト会議では立浪和義内野手をこれも抽選で勝ち取り、翌年の開幕戦でスタメン起用しました。そしてその年の昭和最後の優勝。再び監督に復帰したときは、川上憲伸、福留孝介、そして岩瀬仁紀という名選手をドラフト逆指名で続々と獲得し、ドラゴンズを「入団したい球団」としてイメージアップさせると共に、１９９９年（平成11年）には開幕11連勝という史上タイ記録によって、またもペナントを勝ち取りました。神宮球場で胴上げがあった９月30日の夜、祝勝会会場のプールに参謀・山田久志コーチと飛び込んでずぶ濡れになった貴方の笑顔、最高でした。

それだけに……２００１年秋はショックでした。

10月２日ナゴヤドーム最終戦で「私ほどドラゴンズファンに愛された男はいない」とファンに別れを告げた貴方は、その直後に阪神タイガースの監督に就任しました。

ドラゴンズ監督辞任が健康面での理由と言われていただけに、信じられない気持ちでした。ショックでした。辞任直後のタイガース監督就任については、様々な事情や理由も聞きました。しかし、ドラゴンズファンとして納得しきれませんでした。

これほど愛して好きだった「星野投手」「星野監督」とは訣別するしかないと思いました。

２年後の２００３年、縦縞のユニホームを着た貴方の胴上げ。せめて１年だけでも間を空けてくれていたら、せめて行き先がパ・リーグのチームだったら、と口惜しい思いでした。

気持ちの整理をするには長い歳月が必要でした。２０１３年に東北楽天ゴールデンイーグルスを日本一にして震災の傷癒えぬ被災地を元気づけた姿には心からの敬意を表しました。拍手を贈りました。あの讀賣ジャイアンツを倒しての日本一、貴方にとっても最高の舞台だったことでしょう。それでも……。

そんな複雑な揺らぎも今回の訃報に接しすべて忘れます。今はただ「星野投手」「星野監督」が再びドラゴンズファンの元に帰って来てくれた思いです。

星野仙一さん。

貴方が逝った２０１８年正月、最も似合ったドラゴンズのエースナンバー「20」は誰も背負っていない空き番号です。どうかそのユニホームに身を包んで、ドラゴンズブルーの空に昇って行ってください。そして〝燃える男〟の後継者にふさわしい投手がドラゴンズに現れたと思ったら、背番号「20」を再びナゴヤドームにお返しください。

竜の夢をありがとうございました。

(2018. 01. 09)

野球の敬遠革命　—田尾は岩鬼は何思う?—

中日ドラゴンズで活躍した田尾安志選手を語るときに必ず出てくるのは、1982年(昭和57年)10月18日、近藤貞雄監督の下でセントラルリーグ優勝を決めた横浜スタジアムでのゲームである。

ドラゴンズがマジック1で迎えたこのゲームには、優勝とともに首位打者争いがかかっていた。打率トップは横浜大洋ホエールズの長崎啓二選手(現・慶一)で3割5分1厘、2位は田尾選手で3割5分0厘1毛。その差はわずか9毛で、田尾が1本ヒットを打てば逆転する僅差だった。長崎にタイトルを取らせたいホエールズは長崎をスタメンから外してベンチに置き、田尾を毎打席敬遠するという策に出た。田尾は最後のチャンスとなった5打席目、3ボールからの敬遠球を2球続けて空振りする。打者としての勝負を避けられたことに対する猛烈な抗議であり、その姿にドラゴンズファンはもちろん、多くのプロ野球ファンは声援を送った。そんなシーンも、もう見られなくなるのか。

敬遠をする場合に申告すれば、ボール4球を投げなくてもいいという「申告敬遠」規定が野球ルールに採用された。先日開かれたプロ・アマ合同の日本野球規則委員会で決まったのだが、守備側の監督が審判に対して敬遠の意向を表明すれば、投手は1球も投げないまま打者は「四球」として1塁に出塁できる。

今回のルール変更の理由には、2020年の東京五輪での野球競技復活がある。全日本野球協会では「日本の国内ルールが、米メジャーリーグや国際大会との食い違いがあってはいけない」と説明した。メジャーリーグではすでに2017年シーズンから、試合時間短縮を目的に「申告敬遠」を採用している。

しかし、いち早く昨シーズンにメジャーリーグにおいて、バッターボックスで実際に〝投げない〟敬遠を経験したイチロー選手は「ダメ。面白くない。ルールを戻すべき」と語った。野球選手は試合中のリズムを気にすると言う。守備の間にバッティングの意識を高めると語る選手もいて、そういう選手は指名打者に回ることを嫌がったりもする。試合時間の短縮以上に、ゲームのリズムにどんな影響が出るのだろうか。

野球漫画『ドカベン』でも敬遠四球はドラマを盛り上げる要素として登場している。主人公・山田太郎捕手に勝るとも劣らない人気キャラクター・岩鬼正美選手は、他の選手が打たない〝悪球〟を見事に打つ選手で始球式のボールをホームランにしたほどだが、岩鬼が敬遠のボールを打つドラマも新ルールではなくなってしまう。また山田や岩鬼の所属した明訓高校のエース里中智投手が、迷いながら投げた敬遠のボールを、ライバル横浜学院高校の強打者・土門剛介選手に痛打されるシーンも印象的だが、こうした場面も今は昔か。敬遠球打ちについては、実際、

1990年（平成2年）6月2日の讀賣ジャイアンツ対広島東洋カープ戦では、巨人のクロマティ選手が敬遠のボールを二塁打にしてサヨナラ勝ちしたというドラマもあった。何が起きるかわからない、だから野球は面白いのだが……。

きわどいプレイの判定にビデオ映像の検証を求めることができる「リクエスト」。延長13回から無死1、2塁で試合を開始し、決着がつくまで繰り返す「タイブレーク」。

「申告敬遠」とともにいずれも今年からお目見えしていく新ルールである。どこか〝合理的〟な印象が否めないが、法律が時代とともに改訂されていくのと同じように、野球ルールに変化が訪れてもおかしくはない。ただ、一度決めたルールだから、と頑なに進むのではなく、常に検証を心がけ、場合によっては微修正していくような柔軟性を持って臨んでほしい。野球本来が持つ面白さ、醍醐味、ドラマ性などがルール改正に伴いマイナス面の影響を受けることなく、ますます進化していくように……。

5打席連続の敬遠によって首位打者を逃した田尾選手、その打席の印象と記憶は、首位打者を取った選手と同等に強烈であることは歴史が証明してくれている。

（2017.01.16）

〝ドラゴンズ松坂投手〟誕生に贈る5つの期待

松坂大輔投手の中日ドラゴンズ入団が決まった。2018年1月23日午後、ナゴヤ球場で行われた入団テストに合格して、即入団が決まった。背番号は「99」と発表された。

福岡ソフトバンクホークスを昨シーズン限りで退団した松坂投手については、その獲得にドラゴンズが名乗りを上げてから、ドラゴンズファンの間でも意見が真っ二つに分かれていた。否定的な意見の理由は、37歳という年齢に加えメジャーから日本球界に復帰しての3年間で1ゲームしか登板していないことだろう。ましてや昨シーズンの登板は0である。去年11月のドラフト会議指名内容からも明らかなように、ドラゴンズが若手への切り替えを進めているチームだからこそ、ファンが疑問符をつけたくなる気持ちも当然であろう。

しかし、私は次の5つの理由から、松坂投手のドラゴンズ入団に期待したいと思う。

第1に、松坂投手が再びマウンドで投げる姿をもう一度見てみたい。「松坂大輔」というブランドは、アマプロ問わず野球ファンにとってはやはり特別なものであり、パ・リーグそしてメジャーに続き、セ・リーグでは初のマウンドになる。復活がかなえばその投球を見てみたいし、ドラゴンズファンの立場なら「ナゴヤドームのマウンドに立つ松坂が見たい」となるだろう。

第2に、松坂本人の「投げたい」という気持ちを大切にしたい。甲子園を沸かせたスーパースター、そして日米通算164勝を挙げた投手が、入団テストを受けてまで現役生活にこだわるのである。完全燃焼していないのなら、その思いを大切にしてあげたい。3年間まったく戦力にならなかったホークスファンには申し訳ないが、華麗なる復活を目の当たりにしたい。

第3に、若返りを進めるドラゴンズのチーム内への効果である。球団が松坂投手にアプローチを始めたことが表面化するなか、多くの選手が松坂投手への〝あこがれ〟を語っている。一流選手の言葉そして所作は、何よりの勉強材料になる。まして松坂投手は日本球界だけでなくメジャーでも活躍、さらにそこでの故障や挫折も味わっている。チームにとっては有形無形の好影響があると思われる。同時に松坂世代のベテラン投手にも大いに刺激になるであろう。ブルペンの活性化は「投手王国」復活をめざすチームにとって何よりのことだ。

第4に、ドラゴンズというチームの体質である。今年で球団創立82周年を迎えた老舗チームであり、その歴史において、これまでも意外な〝懐の深さ〟を見せてきた。2002年（平成14年）にはメジャー行きを希望していた大阪近鉄バファローズ（当時）の大塚晶文投手を受け入れて、翌年オフにポスティングでサンディエゴ・パドレスへ送り出している。2007年にはオリックスバファローズを自由契約になり行き先のなかった中村紀洋選手を育成選手として入団させ、その後、支配下選手として登録した。中村選手はその年の日本シリーズでMVPを獲得した。選手ばかりではない。ライバル球団である讀賣ジャイアンツで選手、そして監督として活躍した故・水原茂氏を1969年（昭和44年）に監督として受け入れて3年間采配をまかせた。その間に新人として入団してきた故・星野仙一投手や谷沢健一選手らはその5年後に20年ぶりのセ・リーグ優勝の中心選手となった。また、FA宣言して宿敵ジャイアンツに去って行った落合博満氏を、2003年オフには監督として戻している。ドラゴンズ球団史において翌年からの落合政権8年間は〝黄金時代〟となった。数々の歴史が証明するように、名古屋に本拠地を置くこのチームは、球界で独自の光を放ってきた。松坂にもその光が注ぐことになる。

第5に、ドラゴンズが〝オフの主役〟として一躍スポットライトを浴びることになる。「京田の新人王」「ゲレーロの移籍」この2つ以外に目立った話題の少ないシーズンオフである。5年連続Bクラスと低迷するなか、大谷・清宮フィーバーに沸く北海道日本ハムファイターズだけが注目される現状にやきもきしてきたファンも多い。松坂投手の入団によって、2月からスタートする沖縄キャンプ、オープン戦などシーズン開幕への日々が全国的に大きな注目を集めることになった。そして、もし松坂投手の復活が実現すれば、公式戦でのナゴヤドーム観客動員への計り知れない効果が期待できる。今から22年前にオープンしたナゴヤドームは、この2年連続で観客数200万人を割り、昨シーズンは1試合の平均観客数が2万8619人と開場以来、最も少ない数字となった。松坂投手がそのマウンドに立てば、間違いなく観客は増えるはずだ。

もちろん、今回の松坂投手獲得はプロ野球の球団として様々な計算もあってのことだろう。しかし、ドラゴンズの森繁和監督が先日テレビのインタビューで語った言葉……「野球に対する姿勢。力が劣っていても向かっていく姿勢が、今のウチ（ドラゴンズ）に必要だ」。

その松坂投手へのエールに拍手を贈りたい。

個人的な希望を述べる。ご容赦いただきたい。2018年シーズン、マツダスタジアムでの広島東洋カープとの開幕3連戦の後、ドラゴンズは4月3日にナゴヤドームで本拠地としての開幕を迎える。相手は讀賣ジャイアンツである。その先発マウンドに是非、松坂投手に立ってもらいたい。そして、名古屋から移籍してきたばかりの助っ人四番打者から三振を奪ってほしい。竜飲、いや留飲が下がる名古屋のファンも多いことだろう。そんな楽しみを抱かせるのが「松坂大輔」という投手である。

（2018.01.23）

球春！　逆襲へのキーワードは？

2月に入り、プロ野球の各球団は一斉にキャンプをスタートさせた。ファンにとっては待ちに待った季節である。シーズンに向けて、ご贔屓のチームがどんなスタートを切るのか？　キャンプ地から毎日届くニュースに胸を躍らせる。何よりもこの時期は、応援しているチームの優勝を宣言しても誰も文句は言わない。ある意味で、ファンにとっては〝言いたい放題〟が許される、短くも楽しい日々でもある。

最も注目のキャンプ地便りは、今年の場合は国内からでなく海外からである。北海道日本ハムファイターズが一次キャンプを行っているアメリカのアリゾナ州スコッツデール。注目のルーキー清宮幸太郎選手が、背番号「21」のユニホームを初披露した。右手親指を痛めていて打撃練習は見送られているが、その一挙手一投足にファンの目が注がれる。12球団で唯一、初めて采配をふるう新監督が誕生した千葉ロッテマリーンズ。沖縄の石垣島からは井口資仁監督の若々しい気合いの咆哮が伝わってくる。セ・リーグでは、球団初の3連覇をめざす広島東洋カープ、大谷翔平選手と同期である甲子園のスター藤浪晋太郎投手の復活が待たれる阪神タイガース、ドラフト1位で東克樹投手を獲得し着々と「左腕王国」を築く横浜ＤｅＮＡベイスターズ、昨季の本塁打王を獲得したが先発陣のコマ不足解消がテーマの讀賣ジャイアンツ、そしてメジャーから古巣へ戻った青木宣親選手を起爆剤に最下位脱出を狙う東京ヤクルトスワローズ……。いずれも話題豊富なキャンプとなっている。

そして、創設82年目を迎えた、球団史上ワーストの5年連続Bクラスと低迷する中日ドラゴンズ。昨シーズンの実績から見れば、その戦力はセ・リーグのなかでも残念ながら見劣りするといわざるをえない。2ケタの勝ち星をあげた投手は皆無、本塁打王のアレックス・ゲレーロ選手もジャイアンツに移籍してしまった。現状で計算できる選手は投手野手を通してただひとり、大島洋平外野手である。もうひとり、去年の新人王・京田陽太内野手も挙げたいところだが、何といってもまだ2年目。プロ野球界には〝2年目のジンクス〟という伝統的な言葉があり、ここは慎重に構えたい。

球団トップの口からも毎年この時期には出ていた「優勝」という言葉はなく「Aクラス入り」という表現にトーンダウンしていることからも、チーム現状のきびしさがうかがえる。

ひとつのキーワードを念頭にして、ドラゴンズ浮上の課題について期待を込めて挙げてみる。そのキーワードが何か？は後ほど紹介する。

投手では、小笠原慎之介、柳裕也、そして鈴木翔太という若い〝ドラフト1位トリオ〟がどこまで勝ち星を積み重ねることができるか。こちらもドラフト1位で入団し、唯一1軍キャンプに選ばれた鈴木博志が、〝即戦力〟として本人の希望通りにセットアッパーまたはクローザーとして機能するか。岩瀬仁紀、山井大介、そして浅尾拓也のベテランが活躍できるか。そして2018年キャンプの主役となっている松坂大輔が初のセ・リーグで復活を遂げることができるか。

捕手では、北海道日本ハムファイターズからFA移籍してきた大野奨太が、待望久しい〝正捕手〟の座に座ることができるか。

野手では、毎年期待されながらも燻り続ける高橋周平が、その打撃力から内野のレギュラーを奪い取るか。選手会長になり進境著しい福田永将が「サード4番」という期待に応えられるか。明るいキャラクターだがなかなかシーズンを通して活躍できない平田良介が、ケガから復帰し「ドラゴンズ愛！」とヒーローインタビューで絶叫できるか。新外国人選手であるソイロ・アルモンテとスティーブン・モヤが、ホームラン35本を打ったゲレーロに代わることができるか。3、4年前に社会人から入団し若い背番号を付けながらも1軍に定着できない野手たちが、過去に同じ番号を背負ってきた大先輩たちに顔向けできるような活躍ができるか。

そのキーワードは「大化け」である。すべてがすべて化けることとは無理としても、この内の1つや2つではなく、複数のポイントで「大化け」がなければ、ドラゴンズは今シーズンもきびしい戦いとなるだろう。逆に「大化け」があれば楽しみなシーズンになる。ペナントレースは〝生き物〟である。ぜひ「大化け」を積み重ねてもらいたい。そのためには、このキャンプをどう過ごすかが勝負となる。どの球団でもあることだが「今年のキャンプは例年と違って……」と練習強化の報を聞くと、「では去年は何をしていたの？」と思ってしまう。プロなのだから。妥協せず、徹底的に満足できるキャンプを送ってほしい。数々の指導者や名選手が口にしてきた言葉がある……「練習は嘘をつかない」。

キャンプ序盤に、ドラゴンズの北谷キャンプから届く話題は「松坂、松坂、松坂」だった。訪れるファンの数も、２０００人、３０００人、そして５０００人と日に日に増加。「松坂が投げた」どころか「松坂が打った」ことも全国ニュースになる。これがスーパースターなのだとあらためて認識させられた。

注目を集めることはプロ野球の球団にとって大切なこと、「早くも松坂獲得の効果あり」と言いたいところだが、ドラゴンズというチームにおいては、去年秋のドラフトで入団したルーキーたちよりも最も歴史の浅い選手、「新参者」なのである。これまでドラゴンズブルーを背負って戦ってきた選手たち、この現象をどう受けとめるのか？　ここで悔しがらなくてどうする？　巻き返さなくてどうする？　今のドラゴンズにも名前を挙げてきたように素晴らしい選手がたくさんいる。これからのキャンプの日々で、話題の主役の座に名乗りをあげていってほしい。その結果として次々と「大化け」を実現してくれる選手が増えてくるならば、それこそもう１つの大きな〝松坂効果〟となる。

(2018. 02. 05)

沖縄発・〝松坂キャンプ〟総括

「ことしのドラゴンズは多いよ。ファンも報道陣も……。全然違うもん」

那覇空港から中日ドラゴンズ1軍キャンプ地である北谷町が近づくと、タクシーの運転手さんが楽しそうにこう話してくれた。

北谷町役場を訪ねると野国昌春町長も今年のキャンプについて、開口一番、目を大きく見開いてこう感想を語った。「恐ろしいことになっています」と……。キャンプ地を訪れる人の数がとにかく半端ではないそうだ。

ドラゴンズは2月28日に春季キャンプを打ち上げた。タクシーの運転手さんと北谷町長、この2人が口を揃えて話すように、キャンプ地にかつてないほどの人を集めたのは、現在のドラゴンズに最も遅く加わった選手、松坂大輔である。「松坂ドラフト」「松坂世代」と呼ばれるように、常にその名前が冠となった松坂投手だが、今年のドラゴンズのキャンプはまさに「松坂キャンプ」と呼べるのだろうか。私が現地入りしたときはすでにキャンプも最終盤だったが、それでも松坂投手の一挙手一投足が注目され、松坂投手が動くところにファンやカメラマンが殺到していた。周囲何メートルかに漂う独特な空気感といい、〝スーパースター〟とはまさにこういうものかと目の当たりにすることができた北谷球場だった。

キャンプ総括を書くにあたって最初にきびしい話をするならば、5年連続Bクラスという現状は決して甘いものではないということである。どんな新戦力が加わったとしても、成績予想を積み上げる実績ベースを去年に置く限り、この現実から目を背けてはいけない。それを踏まえた上で、北谷では今季のドラゴンズを次の2つのポイントから注目してみた。

最初のポイントは「先発投手陣の整備」である。広いナゴヤドームを本拠地とする以上、「打ち勝つ野球」より「守り勝つ野球」を掲げるべきことは明白である。しかしこのところドラゴンズは先発投手陣がほぼ崩壊、2年連続で二ケタの勝ち星をあげた投手がひとりもいないという厳しい状況である。

今季に先発として期待したい候補は多い。小笠原慎之介、柳裕也、鈴木翔太のドラフト1位トリオ。柳と同じ2年目の笠原祥太郎。今年再び先発に挑戦する地元・沖縄出身の又吉克樹。久しぶりのメジャー活躍投手であるディロン・ジー。大野雄大、吉見一起、そして山井大介という実績あるメンバー。さらにキャンプの〝主役〟だった松坂大輔。名前は次々と挙がる。それでもキャンプを視察したあるOB評論家は「現在まだ計算できる投手がひとりもいない」と断言していた。それがBクラスチームの現実なのである。あえて1人キーマンを挙げるならば、

3年目の小笠原投手であろう。オープン戦の開幕試合に登板し4回をノーヒットに抑えたピッチングは、現在のドラゴンズに不在である〝エース〟の座につく期待を持たせた。

もう1つのポイントは「センターラインの整備」である。捕手〜二遊間（二塁・遊撃）〜中堅手、この4人を結ぶラインは「センターライン」と呼ばれ、守備における根幹である。ドラゴンズのリーグ制覇の歴史を見ても、強い時代のセンターラインには納得できる顔ぶれが並んでいる。

与那嶺要監督の下で20年ぶりのセ・リーグ優勝をした1974年（昭和49年）は「木俣達彦〜高木守道〜広瀬宰〜谷木恭平（大島康徳）」。

近藤貞雄監督の野武士野球で優勝した1982年（昭和57年）は「中尾孝義〜上川誠二〜宇野勝〜平野謙」。

星野仙一監督で昭和最後の優勝となった1988年（昭和63年）は「中村武志〜宇野勝〜立浪和義〜彦野利勝」。

同じく星野監督で開幕11連勝から優勝を成し遂げた1999年（平成11年）は「中村武志〜立浪和義〜福留孝介〜関川浩一」。

そして落合博満新監督でいきなり優勝した2004年（平成16年）は「谷繁元信〜荒木雅博〜井端弘和〜アレックス・オチョア」。

特に2004年からの二遊間は「アライバ」と称された名コンビで、そろって6年連続のゴールデングラブ賞を受賞しドラゴンズの黄金期を築いた。このように、センターラインの重要性は歴史が証明しているのだが、昨今のドラゴンズはセンター大島選手以外、他3ポジションを固定できない状態だった。昨季ようやくショートに京田が落ち着いた。今年のキャンプを終えて見えてきたのは「大野奨太〜高橋周平〜京田陽太〜大島洋平」という布陣であり、これまで期待を裏切り続けてきた高橋周平がセカンドに納まれば、久しぶりにセンターラインが確立しそうである。その意味でキーマンは7年目の高橋である。

今年のドラゴンズのキャンプは讀賣ジャイアンツのようなインフルエンザ禍もなく、また目立ったケガ人もなかった。その意味では順調だったと言えよう。しかし、かつて落合監督がノックによって森野将彦内野手を失神させたような猛特訓風景は表向きあまり見られなかった。キャンプの成果はこれから続くオープン戦でさらに熟していく。「先発投手陣」と「センターライン」この2つの整備の行方に注目したい。今はどのチームも明るい話題や評判が多い時期だが、やがて真実の実力が見え始める。ドラゴンズには5年連続Bクラスという現状、そして「挑戦者」の立場を忘れずに、大切な1か月を戦ってほしい。3月30日のペナントレース開幕までもう1か月である。

(2018. 02. 28)

星野仙一さんが沖縄とドラゴンズに残した「夢」

中日ドラゴンズの春季1軍キャンプ地である沖縄県北谷町、役場3階の町長室に「夢」と書かれた色紙が額に入れて飾られている。今年1月に急逝したドラゴンズの元投手であり元監督の故・星野仙一さんが生前に北谷町に贈ったものだ。

ドラゴンズが北谷町をキャンプ地に選んだのは1996年（平成8年）、あれから23回目のキャンプとなった。同じ沖縄の石川球場などで行っていたキャンプを北谷町に変更したのは、当時2度目の監督に就任したばかりの星野さんだった。北谷町の人たちにとって星野さんへの思いは格別なもので、今年のキャンプ中は北谷球場入口近くには「星野仙一監督北谷メモリアルブース」が設けられた。北谷町と生前の星野監督の関係を記録した写真パネル24枚が飾られ、キャンプ地を訪れる人たちが次々と足を運んでいた。

野国昌春町長は星野監督の思い出について語る……。ドラゴンズの監督を辞めた後、阪神タイガースの監督を経て、星野さんは東北楽天ゴールデンイーグルスの監督に就任した。北谷球場でドラゴンズとのオープン戦が開催されたとき、相手側3塁側ベンチにいる星野さんに挨拶に行ったら、「町長、ドラゴンズのことをしっかり頼むよ！」と激励されたそうだ。敵将になってもドラゴンズへの愛を語る、その温かい魅力が忘れられないと、野国町長は懐かしそうに遠くを見つめた。「闘志と優しさの両方を持った人だった」と……。

北谷球場近くには今年のキャンプに合わせて、常設の投球練習場が新たにお目見えした。ドラゴンズタウンとしての熱を地元の少年野球の子どもたちにも、との願いをこめて町が予算をかけて新設したブルペンである。ドラゴンズ投手陣も連日気持ちよさそうに投げ込みを行った。星野さんが北谷町に撒いた〝キャンプ地〟としての種は、大きく育って花を咲かせ続けている。

星野さんがドラゴンズに残した足跡は〝キャンプ地〟だけではなく〝人〟に大きく残っている。人の運命のことなので「100%絶対」と明言できないが、星野さんがドラゴンズの監督をやっていなければ、現在のドラゴンズを率いる森繁和監督、そして小笠原道大2軍監督は、ドラゴンズでは実現しえなかったと言えよう。その縁の輪の中には、落合博満さんという存在があるのだが……。

39歳でドラゴンズ監督に就任した星野さんは、1対4という球団史上に残る大トレードによってロッテオリオンズ（当時）から2年連続の三冠王・落合博満選手を獲得した。その後1993年（平成5年）にFA第1号として讀賣ジャイアンツのユニホームを着た落合さんだが、2003年（平成15年）にドラゴンズの監督に就任、翌年から8シーズン指揮を執りリーグ優勝4回、53年ぶりの日本一、そして8年間すべてAクラスという黄金期を築いた。星野さんがドラゴンズの監督をしていなければ落合さんとドラゴンズの縁はなかったわけで、監督としてのこの黄金期もなかったかもしれない。この時期に参謀として落合野球を支えたのが森繁和さんだった。一方、小笠原選手は2013年に讀賣ジャイアンツからFA宣言しドラゴンズに入団。そして2015年の現役引退とともに2軍監督として指導者になるが、このときのGM（ゼネラルマネージャー）が北海道日本ハムファイターズに在籍中に打撃を通して信頼関係を結んだ落合さんだった。星野―落合―森・小笠原の縁が今日に生き続けている。

また星野さんは監督時代に、その後にドラゴンズの根幹を成した多くの新人選手を入団させている。新監督としての1986年（昭和61年）ドラフト会議で5球団によるクジ引きに勝って獲得した近藤真一（現・真市）投手、翌年のドラフトでまたもクジ引きで獲得した立浪和義内野手を筆頭に、福留孝介内野手、岩瀬仁紀投手、川上憲伸投手などを次々と入団させた。

忘れてならないのは1983年（昭和58年）ドラフト5位で入団した山本昌投手である。入団からなかなか活躍できなかった山本投手をドジャースに留学させて、セ・リーグ優勝の1988年（昭和63年）シーズン途中に呼び戻して大活躍させた。50歳まで現役を続け、最年長登板や球団記録219勝の達成など、エースの道を歩んだのも星野さんとの出会いがあったからこそである。他球団のことをいえば、阪神タイガース時代に広島カープから金本知憲選手を獲得していなければ、現在の金本阪神監督も実現していない。

単なる1チームの監督に留まらず、球界全体を見据えて人を活発に動かした星野さんの外交力があったればこそ、結実した果実は枚挙にいとまがない。有望な新人選手の獲得、そして大胆なトレードも多かった。そこにも色紙に書かれた言葉……「夢」があった。多くの野球人が星野さんを偲び、それを見つめてきた多くのファンが早すぎた死を悼むのは、その足跡の大きさ、そして皆が一緒に「夢」を描くことができたからであろう。

北谷町役場ではキャンプ期間中、窓口に立つ職員たちがドラゴンズのユニホーム姿で仕事している。キャンプに訪れるドラゴンズを盛り上げるためである。沖縄の町役場にあふれるドラゴンズブルー。ナゴヤドームがあるドラゴンズの本拠地・名古屋市の市長は、折りに触れ「燃えよドラゴンズ！」～中日球場バージョン～を独唱するが、竜のホームタウン挙げてドラゴンズを盛り上げるためにも、この北谷町の心意気を参考にしていただいてはいかがだろうか。

(2018.03.01)

開幕！　ドラゴンズは「ゾロ目」で勝負だ

プロ野球の２０１８年ペナントレースが開幕した。中日ドラゴンズは、北海道日本ハムファイターズとともに開幕3連敗。この場合は「まだ140試合ある」という言葉をかけることになるのだが、5年連続Bクラスからの脱出へ出鼻をくじかれた現実は受け止めなければならない。

去年、当コラムに「最近のドラゴンズのレギュラー選手は背番号が重すぎる、すなわち一ケタなどの若い背番号をもらった選手が活躍していない」と書いた。その反例として挙げたのが、20年ぶりにセ・リーグ優勝をした1974年（昭和49年）。その年にデビューした応援歌「燃えよドラゴンズ！」で歌われた顔ぶれ、1番の高木守道選手から始まり、谷木→井上→マーチン→谷沢→木俣→島谷→広瀬と続いたスタメン8選手の背番号の合計は「67」だったと紹介した。決して背番号が若ければチームは強いと言い切る気はないのだが、応援するファンとしてはわかりやすい一ケタの背番号は歓迎したい。今季の開幕オーダーはファンとしてもまずまず納得の顔ぶれだったように思うが、投手以外スタメン8選手の背番号を足してみると「269」。まだまだ大きい。今後、京田陽太選手あたりが若い番号をつければ、一気に200近くまで小さくなるのだが……。

背番号の積算論はさておき、同じ背番号論でも視点を変えて「ゾロ目」に注目したい。同じ数字が並んだ背番号のことである。この着想は一昨年だったかナゴヤドーム観戦の際に、背番号「33」祖父江大輔投手のファンである大学時代の後輩から教えられた。ドラゴンズの「ゾロ目」背番号に注目すると、2018年は特に興味深いシーズンであることがわかる。

「11」小笠原慎之介投手は、球団史上最年少で開幕投手をつとめた。残念ながら負け投手になったが、今後に希望を持たせる投球だった。プロに入っての通算成績はこれで7勝15敗と8つの負け越しになったが、今季はこの通算成績で一気に貯金をすることをめざしてほしい。今シーズン期待している選手のひとりである。

「33」祖父江大輔投手は、昨シーズンついにプロ初勝利をあげた。今季もセットアッパーとしての期待が高い。開幕を1軍ベンチで迎えた。熱いマウンドを見せてほしい。

「44」新外国人のスティーブン・モヤ選手。2メートルを超す身長は何とも魅力的。開幕は2軍となったが、まだ27歳と若い。沖縄キャンプでは打つ際の体重移動などで連日コーチングを受けていたが、今後日本の野球に慣れていけば大きく化ける可能性ありか。

「55」福田永将選手も今シーズン期待のひとり。昨季は自己最多の18本塁打を打ち、今季はクリーンアップに名を連ねて開幕2戦目でバックスクリーンにホームランを打った。選手会長にも就任するなど名実ともにチームの中心選手となっただけに、豪快なスイングとホームランを打った直後にバットを放り投げる姿を何度でも見たい。

「66」ダヤン・ビシエド選手は来日3年目。過去2年は序盤好調ながらも、シーズン通しての活躍がない。開幕3連戦で2ホームランと幸先良いスタートだが、去年のホームラン王が讀賣ジャイアンツに移籍した今季は、不動の四番として竜打線のど真ん中に座ってほしい。

「88」都裕次郎コーチ。スカウトそしてスコアラーを経て15年ぶりのユニホーム。1976年のドラフト1位左腕も59歳。江夏豊さんにあやかり背番号28をつけて活躍した時代の投球術を、フロント含めた豊富な経験をもとに若い投手たちに伝授してほしい。

「99」松坂大輔投手。入団から沖縄キャンプそしてオープン戦と、話題をほぼ独占してきた〝平成の怪物〟。本物のスーパースターの姿を見せつけた。「99」は足すとかつて自らが親しんだ背番号「18」になるとは松坂自身の弁。背番号は算数でいう「九九」、掛け算の代名詞でもある。その意味通り、勝ち星がどんどん倍増していくことになるか。今年は夏の甲子園大会も100回記念を迎える。そのメモリアルイヤーに甲子園のスターが名古屋の地で再び輝いてほしい。

ゾロ目の背番号でここまで触れていない番号が2つある。まず「22」である。エースへと期待されながらも、なかなかその座につくことができない大野雄大投手。本来ならば、3年連続で開幕のマウンドに上がらなければならない8年目だが、2軍でのスタートとなった。通算成績は49勝50敗と負け越しており、この克服が最優先。今季の開幕当初は若手が中心となる投手ローテーションだが、いずれ彼の力が必要になる時が来ると信じたい。

そして、残されたゾロ目は「77」だ。現在は2軍内野守備走塁の渡辺博幸コーチが付けているが、この番号は今季とても重い意味を持つ。1月に急逝した星野仙一元監督が、ドラゴンズでの2期にわたる監督時代だけでなく阪神タイガース、そして東北楽天ゴールデンイーグルスでも背負った番号である。今季のプロ野球、そしてドラゴンズは星野さんの死を乗り越えてのシーズン。ベンチからも天上からも「77」というゾロ目には見守られていると気合いを入れて、私たちファンを熱くさせてくれる野球を見せてほしい。

(2018. 04. 02)

中日・松坂初勝利 「永遠の野球少年」に乾杯！

「ちっちゃい子」という言葉を使った。ヒーローインタビューのお立ち台での松坂大輔である。文字にすると「小さい人」「小さい子」になるのだろうが、「ちっちゃい」という言葉のアクセント表現に「野球少年」の空気を感じた。

「ちっちゃい子は僕が誰かわからない子が多いと思うので、なるべくヒーローインタビューだったりテレビに出て、顔を覚えてもらえるよう頑張りたいと思います」

こう語ったプロ野球のスーパースターはやはり根っからの「野球少年」なのだろう。あの底抜けに明るい笑顔とともに……。そしてこの日、「野球少年」に涙はなかった。

中日ドラゴンズの松坂大輔投手が、4月30日ナゴヤドームで行われた横浜ＤｅＮＡベイスターズ戦で、今シーズンの初勝利を挙げた。ただの1勝ではない。日本球界での勝利は公式戦では西武ライオンズ時代の２００６年（平成18年）９月19日、福岡ソフトバンクホークス戦以来、実に12年、４２４１日ぶりの白星だった。〝平成の怪物〟といわれた松坂投手だが、この間の歩みについては、多くの人が知っているように、紆余曲折、喜怒哀楽、様々なことがあった。だからドラゴンズファンだけでなく、たくさんの人たちがこの1勝に拍手を送った。

手元に２００４年（平成16年）10月25日のスポーツ紙がある。落合博満監督率いるドラゴンズと西武ライオンズの日本シリーズ第６戦、王手をかけていたドラゴンズの前に立ちはだかったのがライオンズのエース松坂だった。８回を完璧に抑えられたドラゴンズは第7戦も落とし悲願の日本一を逃す。ここぞというゲームに登板して勝つ……。エースの姿をまざまざと見せつけられた。記事は松坂を讃えている。それから14年、その松坂投手が今季ドラゴンズのユニホームを着ていることにしみじみとした感慨を覚える。米メジャーから日本球界に復帰して3年間の苦闘の日々、右肩の痛み再発への不安、所属したホークスからのコーチ要請を断り、現役続行のために受けたドラゴンズの入団テスト、そして大フィーバーを巻き起こした沖縄キャンプ。ついに訪れた1勝にはたくさんのものが詰まっていた。6回１１４球、３安打６三振、しかし8死四球。決して楽な投球ではなかったが、今季ナゴヤドーム最多の3万６６０６人の観客はその復活劇に酔いしれた。

プロ野球ファンは「野球少年」が好きである。今年海を渡った大谷翔平選手がアメリカのファンに愛されているのも、「二刀流」の実力はもちろんだが、ベースボールに取り組む真摯な姿勢、そして愛くるしい笑顔と仕草があるからだろう。そしてドラゴンズファンも例外ではない。チームにはかつてフライを頭で受けた遊撃手がいた。敬遠に抗議してボール球を空振りしたスラッガーがいた。出身地の地方球場でのゲームでは必ず活躍する外野手もいる。ファンは時に苦笑いしながらもそんな竜戦士たちを愛してきた。6回2死、ライトフライをスティーブン・モヤ外野手が少しおぼつかない足裁きながら捕球した瞬間の松坂投手の笑顔、一瞬天を仰いだ後に見せた笑顔に「野球少年」の姿を見た。今季ドラゴンズファンは、かつての宿敵だった37歳の投手を心から受け入れている。

松坂大輔が記念すべき日米通算165勝目を挙げたこの夜、私の携帯電話に職場の後輩からメールが届いた。彼は千葉に本拠地を置く球団のファンなのだが、同時にプロ野球全体を心から愛している。

「2018年4月30日、プロ野球ファンでよかったと感じた一日でした」という文章はこう締めくくられていた……。

「平成の怪物は初勝利ごときでは泣きませんよね。最高の笑顔でした。だから観ているこちらは泣かされます」と。

(2018. 05. 01)

衝撃ホームランの記録と記憶

ナゴヤドームに観戦に訪れる度に天井を見上げてため息をつく……。「もったいないことをしたなあ。何かできなかったのかなあ」と。

２００９年（平成21年）５月７日、中日ドラゴンズのトニ・ブランコ選手が広島東洋カープの前田健太投手（当時）から放った打球は、レフト側の天井、高さ50メートルの場所に備え付けられているスピーカーを直撃した。そしてナゴヤドームの認定ルールによって、それはスタンドに入らなくてもホームランとなった。言葉で書くとこのような表現になり、スポーツ紙には写真も載ったのだが、実際のナゴヤドームで球が当たった天井スピーカーを見上げると、その高さに圧倒される。一緒に観戦する人に、今でもその歴史を紹介すると誰もが一様に驚くのだ。

なぜスピーカーに記念プレートなど何らかのモニュメント的な〝しるし〟を設置しなかったのか？　今後ナゴヤドームを訪れる人が誰でも思い出せるように……。ブランコ選手はその後ドラゴンズとの契約条件が折り合わず、横浜ＤｅＮＡベイスターズへ移籍、やがて日本を離れた。ドラゴンズファンからすれば少々腹に一物持ってしまうのだが、その特大ホームランの残像自体は素晴らしい記憶である。ナゴヤドームの担当者に尋ねたところ、記念プレート設置など検討はしたそうである。しかし50メートルという高さもあって工事の困難さから断念したとのこと。まことに残念。

この週末の東京ドームでは、５月12日に同じくドラゴンズのダヤン・ビシエド選手のホームランが、レフトスタンドの看板を直撃した。打った瞬間にホームランとわかる特大弾。看板によっては賞金なり賞品なりが贈られるが、この看板にそうした設定はなく、ご褒美はもらえなかった。しかし、そのホームランを目の当たりにしたドラゴンズファンの大歓声と讀賣ジャイアンツファンのため息、それが何よりのプレゼントだったように思う。

ホームランは野球の華である。一発で試合をひっくり返したり、試合を決めたり、プロ野球の歴史にはたくさんの記念ホームランが刻まれている。野球ファンの語り草になっているのは、阪神タイガースのクリーンアップによる、いわゆる「バックスクリーン３連発」である。１９８５年（昭和60年）４月17日、甲子園球場のタイガースとジャイアンツのゲーム、その７回に槙原寛己投手からタイガースのクリーンアップ、ランディ・バース、掛布雅之、そして岡田彰布の３人がバックスクリーンとその付近に３連続ホームランを放ったのだった。この年の８

月には球団社長が日航機墜落事故の犠牲となる悲しいニュースがあったタイガースだが、秋には見事に21年ぶりのリーグ優勝と初の日本一を果たした。「バックスクリーン3連発」はその象徴的な場面として記憶される。

2018年春の沖縄・北谷球場。オープン戦が開幕した2月24日、ドラゴンズの2番手・岩瀬仁紀投手は、対戦相手だった北海道日本ハムファイターズの横尾俊建、森山恵佑、そして清水優心に5回に3打者連続でホームランを浴びた。その3連発を球場の1塁側スタンドで見守っていたが、相手球団にやられた悔しさ以上に、オープン戦とはいえ貴重なものを見せてもらったと思ったものだ。

ドラゴンズファンの間では、近藤貞雄監督でリーグ優勝した1982年（昭和57年）の打順を懐かしがる声が依然として多い。1番の田尾から始まる打順は2番平野をはさみ、モッカ、谷沢、大島のクリーンアップ、そして6番宇野、7番中尾、8番上川と続く。投手もしっかり整備されていたが、逆転に次ぐ逆転で優勝した野球は「野武士野球」と言われた。「野球が最も面白いのは8対7のゲームスコアだ」とアメリカのルーズヴェルト大統領が語った由縁から、「ルーズヴェルト・ゲーム」という言葉が生まれたが、そのスコアはまさに得点を奪い合う試合。ホームランはそこに大きく寄与する〝野球の華〟であろう。

東京ドームで看板直撃のホームランを打ったビシエド選手は、2年前の2016年6月8日、京セラドーム大阪でのオリックス・バファローズとの交流戦でも、左中間最上階の5階席にホームランを放っている。この時は座席の一部が割れて穴が開いた。球場側は翌日以降のゲームに備えて、すぐに新しい座席に交換したのだが、これも残念なことをしたと思っている。穴を開けたまま、大切な1席を使用しないことは営業上の理由からもむずかしいだろうが、せめて交換した座席に何らかの表示をするなどして、特大ホームランの飛距離を残してもよかったのではないか。

現在開会中の第196回通常国会では、参考人招致などで「記憶」か「記録」かという論争が繰り広げられている。選手たちの素晴らしい「記録」を目に見える形で上手く残すことによって、野球ファンの「記憶」を呼び覚ますきっかけにつながるならば、プロ野球の歩みもよりいっそう魅力的に後世に語り継がれていくことだろう。各球団そして球場側のプロとしての演出力に期待したい。

(2018. 05. 15)

夏の陣へ……残念な12球団最下位から脱出だ！

交流戦も終わり、プロ野球のペナントレースもいよいよ本格的な夏の陣を迎える。２位以下が大混戦のセ・リーグで戦う中日ドラゴンズだが、発奮しなければならない調査結果が発表された。慶應義塾大学・理工学部管理工学科の鈴木秀男研究室が毎年まとめている「プロ野球のサービスに関する（満足度）調査」である。応用統計解析の分野でマーケティング研究を進めるなか、野球好きな学生が始めたことがきっかけという。

「プロ野球の球団を応援しシーズン中に１回以上、応援するチームのホーム球場で試合観戦する人」を対象にインターネットによるアンケート形式で実施された。２０１７年シーズンが調査対象となっていて、今回はセ・リーグ７８５人、パ・リーグ７３９人の回答があった。

結論から先に言おう。

総合順位で中日ドラゴンズは12球団で最下位だった。それも４年連続である。その前の年は11位だったから５年連続の低迷と言える。現在ドラゴンズは球団史上ワーストの５年連続Ｂクラスを続けており、まさにその期間と重なっている。それ以前の数年は３位から５位の上位にいたから残念な状況である。ちなみに今回の最新調査で総合ベスト３は、１位広島東洋カープ、２位福岡ソフトバンクホークス、３位横浜ＤｅＮＡベイスターズだった。

調査項目は「チーム・選手」「球場」「ファンサービス」「ユニホーム・マスコット」「応援のきっかけ」「期待すること」などに分かれ、その内12球団の順位がわかる質問はおよそ60項目ある。

「チームに魅力があると感じる？」

「選手に魅力があると感じる？」

「全力で戦い面白い野球を見せている？」

「チームの選手育成はよい？」

「ファンサービスは充実しているか？」

実はドラゴンズはこうした項目の他「球場での応援」なども最下位で、全体の過半数の項目で最下位だった。

それでも、ドラゴンズにとって何か明るい要素がないか、調査結果データのなかを探した。球場についての質問のなか、前回の最下位から急上昇した項目が2つある。「球場のビジョン・音響設備」は7位、「席からの試合の見やすさ」は8位に上昇した。特に前者については2017年シーズンからお目見えした横幅106メートルの巨大ビジョン「106ビジョン」の効果だろう。〝セ・リーグ本拠地球場では最大スケール〟を売りにした3つの巨大画面は迫力がある。これも前回までの最下位から9位に浮上した項目に「公式スマホサイトの充実」と「球団情報誌の充実」の2つがある。後者は「月刊ドラゴンズ」が対象となるのだが、チームのトピックスから始まり特集や注目選手インタビュー、さらに球団史のコーナーなどファンにとっては読み応えある内容になっている。最新号の表紙では見事復活した〝平成の怪物〟松坂大輔投手が微笑んでいる。

そしてドアラ。このキャラクターの人気は根強く、２０１２年に３位だった勢いこそないものの、今回も「マスコットの充実」という項目で７位だった。ドアラ恐るべし。

調査全体で特筆すべきは、横浜ＤｅＮＡベイスターズの大躍進である。ドラゴンズがリーグ優勝の常連で調査結果の上位にいる時代は、このファン調査でもずっと最下位が定位置だったベイスターズだが、前回いきなり４位。そして今回は総合ベスト３入りである。その原動力は調査結果から分析するとファンサービスだ。「チームのファンサービスは充実しているか？」「選手とファンの交流は十分か？」この２項目で、ベイスターズはここ２年間、３位の座をキープしている。

たしかに横浜スタジアムの観戦は楽しい。５月の「ＢＬＵＥ☆ＬＩＧＨＴ　ＳＥＲＩＥＳ２０１８」と題した３連戦シリーズは、宇崎竜童さんや諸星和己さんがスペシャルゲストだった。残念ながら宇崎さんの登板日は雨天中止となったが、諸星さんはゲーム終了後に光ＧＥＮＪＩ時代のヒット曲を歌い、球場を大いに盛り上げた。

調査を指導した鈴木秀男教授は次のように分析する。

「強い球団はまずファンサービスから始めている。ここで評価を得て、チーム力を上げていく。ファンが喜ぶことによって選手も活躍する。日本ハムと広島、そして劇的に変わったのは横浜ＤｅＮＡだろう」

ドラゴンズはファン調査における数々の最下位脱出に向けてどう歩めばいいのか？

「チームを応援するようになったきっかけ」という質問で、「地元にあるチームだから」という答えがドラゴンズはセ・リーグでトップだった。その一方で「魅力的な選手がいたから」という答えで遅れを取っている。

また「チームに期待することは何？」という質問で、広島、阪神、ＤｅＮＡのファンは「そのチームが地域住民やファンの誇りとなりシンボルとなる」、ヤクルトファンは「常に選手が全力で戦い、迫力ある面白い野球を見せてくれること」と答えているのに対し、中日と巨人２球団のファンは「常に優秀な成績をおさめること」が最も多い回答だった。やはり強さも求められるチームなのだ。

これらのデータからドラゴンズにとって「魅力的な全国区のスター選手を育てる。それが地元出身選手ならさらに大歓迎。そんな彼らが活躍する強いチームにして常に優勝争いをする」という方向性が見えてくる。もちろん同時にファンサービス向上は欠かせない。

「今はドラフトも逆指名がなくなり、ある意味で12球団は平等になった。ここで問われるのは育成とチーム編成、すなわち良いチームを作ろうという熱い思いである」

鈴木教授のエールをプロ野球の各チーム、とりわけ我らがドラゴンズに届けたい。


(2018.06.14)

〝平成の怪物〟松坂大輔が〝平成最後のオールスター戦〟に出陣！

「夢の球宴」プロ野球オールスターゲームが今年もやってきた。

7月13日に京セラドーム大阪、14日に熊本市の藤崎台県営野球場で開催される。

中日ドラゴンズからは、ファン投票で選ばれた松坂大輔投手、監督推薦で選ばれたオネルキ・ガルシア投手と平田良介外野手の3人が出場する予定だが、何といっても注目は松坂投手である。福岡ソフトバンクホークスを退団後、今季ドラゴンズに入団してケガから見事に復活した。その動向は2月の沖縄キャンプから注目を集め、行く先々にファンが殺到した。ペナントレースが始まってからも登板日にはナゴヤドームに大勢の観客が詰めかけ熱い声援を送った。松坂投手は現在3勝をあげているが、そのピッチングには多くのファンが魅了された。その結果、ファン投票では実に39万４７０４票を集め、２位の讀賣ジャイアンツ菅野智之投手に15万票以上の大差をつけてトップの座を獲得した。ドラゴンズファンだけでなく、全国の野球ファンがオールスターゲームの舞台で、〝平成の怪物〟復活の姿を見たいと願ったのであろう。松坂投手が予定通り出場すれば12年ぶり、7度目となる。

ところで、ドラゴンズの選手たちは過去のオールスターゲームでどんな活躍をしてきたのだろうか？　これまで最優秀選手（ＭＶＰ）には10人が選ばれてきた。まず第１回のオールスター戦が開催された１９５１年（昭和26年）には、野口明選手と杉下茂投手がＭＶＰを獲得した。１９５５年（昭和30年）には初代「ミスター・ドラゴンズ」西沢道夫選手が２本のホームランを打つ大活躍でＭＶＰ。それ以降は、中利夫、ジム・マーシャル、江藤慎一、彦野利勝、川上憲伸、山崎武司そして荒木雅博といった各選手が球宴ＭＶＰに選ばれた。この内、江藤選手は２回もＭＶＰに選ばれている。また10年前の２００８年（平成20年）にＭＶＰとなった荒木選手は３安打３打点の活躍だった。そんななかでもファンの印象に残るのは、１９９８年（平成10年）の川上投手だろう。この年ルーキーながらファン投票１位で選ばれた川上投手は、ナゴヤドームで初の開催となった第２戦に先発し、３イニングを２安打無失点に抑えたのだ。新人投手がＭＶＰを取ったのは史上初という快挙。川上投手はその後、エースの道を歩んでいく。

その川上投手のＭＶＰ、その６年後に同じナゴヤドームでＭＶＰを取ったパ・リーグの投手がいる。それが西武ライオンズ時代の松坂大輔投手、２人目として登板し２イニングをノーヒットに抑えてＭＶＰに輝いた。ちなみにその年、ドラゴンズからは山本昌、川上憲伸、岡本真也、立浪和義、そして福留孝介の５選手が出場した。

そんな松坂投手が、今度はドラゴンズブルーのユニホームを着てどんな活躍をするのか。松坂投手は２０１６年の熊本地震の際に、ホークスに所属しており、被災地復旧のため１０００万円を寄付している。第２戦はその熊本が舞台。「今までにない特別な感情を持って投げる」と話すなど、今回のオールスターゲームに賭ける思いは強いものがある。痛めた背中のコンディションも気になるところだが、〝平成の怪物〟が〝平成最後のオールスターゲーム〟でどんなピッチングを披露するのか、全国のファンが楽しみに注目している。

（2018. 07. 06）

しっかりしろ！巨人軍　―ドラゴンズファンより愛と喝―

プロ野球・讀賣ジャイアンツの選手がチームメートのユニホームを盗んだ窃盗容疑で逮捕された。この外野手は、坂本勇人や阿部慎之助らスター選手のバット、グラブ、ユニホームなどおよそ１１０点を球場のロッカーから盗んで売却したとして、逮捕前すでに球団から解雇されていた。

ドラゴンズファンの心の奥底に流れているのは「アンチ巨人」の思いである。「今夜ドラゴンズどうだった？」「勝ったよ」その会話の後に続くのは「ジャイアンツは？」。古くからの竜党にとって、ジャイアンツへのライバル意識は強いものがある。「ドラゴンズが勝つだけではダメ。同じ日にジャイアンツが負けてこそ、美味しいビールが飲める」とは、実家の親はじめ多くのドラゴンズファンの先達から聞かされた言葉である。直接対決の中日VS巨人戦でドラゴンズが勝てば「言うことなし」。だからこそ、１９７４年（昭和49年）にジャイアンツの10連覇を阻止した20年ぶりのリーグ優勝はとてつもなく重いものがあり、１９８７年（昭和62年）に高卒ルーキー近藤真一（現・真市）投手がプロ初登板でノーヒットノーランを達成したときは、対戦相手がジャイアンツだっただけに喜びも倍増したものだ。それほど意識している側から見ても悲しくなるのが昨今のジャイアンツの姿だ。

今回の盗難事件の発覚と同じタイミングで、ジャイアンツの別の2選手が今季の出場停止と年俸の10％にあたる罰金処分を球団から受けた。酒に酔って飲食店で裸になり、その動画をSNSに投稿した行為が不適切と判断された。知人限定のサイトとはいえ、ことが起きた6月はシーズン真っ只中である。１年前の２０１７年には、FAで移籍してきた投手が、これも酒に酔って病院の警備員に暴行し出場停止処分になった。さらに２０１５年から２０１６年にかけては、野球賭博事件がジャイアンツを席巻した。合わせて4人の選手が関わり、これも重い処分を課せられた。ユニホームを脱がざるをえなかった選手もいる。プロ野球界では、昭和40年代のいわゆる「黒い霧事件」によって多くの名選手がユニホームを脱いだ。その教訓も風化してしまったようだ。平成の野球賭博事件、それが起きた球団が讀賣ジャイアンツであるという重さを感じた。ジャイアンツ自体も重大性を受けとめ、顧問、オーナー、そして会長が辞任した。コンプライアンス体制の強化を推進した。しかし、その綱紀粛正はまったく活かされなかったと言わざるを得ない。

「アンチ巨人」と言いながら、実はドラゴンズファンは強きジャイアンツをリスペクト（尊敬）してきたことを否定はしない。川上哲治監督に率いられ、V9を続けていた頃のジャイアンツはとてつもなく強かった。投手は堀内恒夫、捕手は森昌彦（現・森祇晶）、一塁は王貞治、二塁は土井正三、三塁は長嶋茂雄、遊撃は黒江透修、左翼は高田繁、中堅は柴田勲、右翼は末次利光。ファンでなくてもすぐに名前が浮かぶ顔ぶれ。ONすなわち王と長嶋という球界の至宝はもちろんだが、高田、柴田、末次の外野陣は鉄壁で、どんなフライでもキャッチしたことから「ジャイアンツに右中間、左中間はない」と思っていた記憶がある。いわゆる〝倒し甲斐のある〟相手だった。それがここ3年間は優勝から遠ざかり、その上で不祥事が続く。「アンチ巨人」としても正直腹立たしい。

讀賣ジャイアンツで何か事が起きると必ず持ち出される言葉がある。故・正力松太郎オーナーの遺訓「巨人軍は常に紳士たれ」である。かつて〝空白の一日〟をついて強引な入団契約を結んだ1978年（昭和53年）のいわゆる「江川事件」のときも、2004年（平成16年）のドラフト候補選手への裏金事案のときも、それを批判する報道のなかには引用されてきた。ライバル球団のファンとしては決して自分たちが応援するチームがジャイアンツに負けてほしくはないが、あえて正力オーナーのもうひとつの遺訓を現在の讀賣ジャイアンツに贈りたい。「巨人軍は常に強くあれ」。そしてそれを叩くのがドラゴンズであるならば言うことはない。

(2018. 07. 12)

わずか1年だけの外国人選手列伝

東京五輪の開幕まで2年、あの「ディンゴ」がオーストラリアの野球代表チーム監督に就任しオリンピックをめざすというニュースが届いた。

「ディンゴ」とはオーストラリアに生息するイヌの名前で、デービッド・ニルソン氏のニックネームである。ディンゴ選手は米メジャーリーグで活躍した外野手兼捕手であり、野茂英雄投手ともバッテリーを組んだことがある。2000年（平成12年）に中日ドラゴンズに入団した。その入団決定は地元スポーツ紙の一面で報じられ、そこにはニックネームの由来となった犬「ディンゴ」の写真も掲載された。メジャー捕手の入団は珍しく、ドラゴンズファンの期待を一身に受けたが、出場わずか18試合、本塁打1本、8打点、11安打で打率1割8分0厘の成績でシーズン途中に退団した。

日本のプロ野球には毎年、大勢の外国人〝助っ人〟がやって来る。現在、横浜ＤｅＮＡベイスターズを率いるアレックス・ラミレス監督のように、長く選手として活躍した後にチームの指揮官にまで昇りつめた人材もいる一方、わずか1年で日本を去る選手も少なくない。あの「ディンゴ」がオーストラリアの代表チーム監督になり今度は指導者として日本にやって来るかもしれないという外電に接しながら、1年だけ名古屋の地でプレーした元ドラゴンズ外国人選手たちに思いをはせた。

まず思い浮かんだのは、1990年（平成2年）のバンス・ロー選手である。シカゴのホワイトソックスやカブスで大活躍、父親もメジャー選手だったことから「親子メジャー」としても注目された内野手で、ドラゴンズでの背番号は「2」。グラウンドでのプレー姿はひとことで言うと「品格がある選手」という印象だ。本塁打29本、78打点、打率3割1分3厘は1年目の助っ人としては立派な成績だが、シーズンの終わりとともに退団した。当時の星野監督体制での厳しすぎる選手指導が合わなかったことが理由とも一部で報じられたが、ファンとしては残念な思いだった。

このバンス・ロー選手と同じ年にドラゴンズにやって来たのがベニー・ディスティファーノ選手。血気盛んな選手で、実はゲームでの活躍以上にグラウンドの別の部分での活躍シーンが印象的だった。何といっても、オープン戦で死球に怒り乱闘、退場処分になっている。公式戦では初打席初ホームランという強烈なデビューだったが、5月24日ナゴヤ球場での讀賣ジャイアンツ戦で再び乱闘騒ぎを起こした。この時に故・星野監督がジャイアンツの水野雄仁投手に平手打ちをするシーンは「闘将・星野仙一」をふり返るシーンで度々紹介される。5本塁打、14打点、打率2割1分5厘という成績では1年でチームを去ることもやむを得なかった。しかし、その後もナゴヤドームのスタンドで「ディスティファーノ」と書かれた背番号「30」のユニホームを着て、1塁側スタンドで応援するファンの姿を見かけた。その意味ではドラゴンズファンの心に刺さる選手だったのかもしれない。

ドラゴンズは82年の歴史を持つ伝統ある球団だが、その最初の年、1936年(昭和11年)にチームに在籍した外国人選手、ハーバート・ノース投手とバッキー・ハリス捕手も1年で去っている。しかし、ノース投手はドラゴンズにとって記念すべき1勝目をあげた投手として、球団史に名前が刻まれている。

この他、大相撲の人気力士だった高見山関の従兄弟として知られたハワイ出身のフレッド・クハウルア投手や、「ドラゴンズ史上最強の助っ人」と鳴り物入りで入団しながらもホームランわずか1本だけだったチャーリー・スパイクス外野手も印象に残っている。

そして、ドラゴンズ在籍1年にもかかわらず、強烈な印象を残したのがウィリー・デービス選手だ。1977年（昭和52年）ドラゴンズに入団したときはすでに37歳という年齢だった。しかしロサンゼルス・ドジャースを中心にメジャーで積み上げた安打は2500本を超えていたこの現役大リーガーは、開幕戦でポテンヒットを足でツーベースにした上にタッチアップで2塁からホームインするという鮮烈なデビューを飾った。そして今もドラゴンズファンの間で語り継がれる伝説のゲーム、5月のナゴヤ球場でのジャイアンツ戦。二死満塁から放った打球はライナーでライトを襲う。ボールが転々とするなか、デービス選手はあっという間にグラウンドを回りホームイン！　特に3塁ベースを駆け抜けた後の歩数の少なさはファンの間でも「5歩いや7歩」などと今も語り継がれている。実際の記録映像から計測すると12歩なのだが、27メートル余りの塁間をそれで駆け抜けたのだから、与えた印象は強烈すぎた。シーズン途中で手首を骨折しそのまま退団。しかし、わずか1年でチームとドラゴンズファンにこれほどのインパクトを与えた助っ人はいない。

２０１８年シーズンも、ドラゴンズに新たに外国人選手が加わった。ディロン・ジー投手は故障のため現在アメリカに帰国中だが、ソイロ・アルモンテ外野手とオネルキ・ガルシア投手はここまで期待以上の活躍をしている。スティーブン・モヤ外野手も将来の活躍が楽しみなスイッチヒッターだ。残念ながらアルモンテ、モヤ両選手ともに手を負傷してしまった。昨季のセ・リーグ本塁打王は年俸交渉の結果、わずか1年で他球団へ移籍していったが、両選手にはケガを治して、好調のガルシア投手とともに来季も引き続き名古屋の地で活躍してほしいと願うファンも多いことだろう。

(2018. 07. 26)

リリーフエースなくして明日への浮上なし

「セーブ」という記録が日本プロ野球に導入されたのは１９７４年(昭和49年)のことである。この年、中日ドラゴンズは讀賣ジャイアンツの10連覇を阻止して、20年ぶりのリーグ優勝を果たした。そして、初代のセーブ王(最多セーブ投手)に輝いたのが、ドラゴンズのエースナンバー背番号「20」を背負っていた星野仙一投手だった。そして当時与那嶺要監督の下で投手陣を仕切っていたのはヘッドコーチも兼任していた近藤貞雄投手コーチ。「投手分業制」すなわち従来の「先発完投」から「先発&抑えリレー」への変革を実行した先駆者だった。今風に言えば「クローザー生みの親」。その後1982年（昭和57年）監督として見事にドラゴンズをリーグ優勝に導いた。

現在ドラゴンズは「抑えの切り札」不在に苦しんでいる。2018年シーズンも前年までに続き田島慎二投手にストッパー役を託したものの、相手チームに度重なる逆転劇をもたらしてその座から降板。中継ぎリリーフ経験の豊富な又吉克樹投手もストッパーには定着せず、「抑えをやりたい」と入団時から意欲を語っていた鈴木博志投手に期待がかかったが、現時点でルーキーの抑え役も成功していない。東京ドームで4点リードしながらも9回裏に大逆転負けした8月19日のゲームは、抑え投手陣の惨状を痛々しく浮き彫りにした。ゲームの締めくくりを誰に託すか苦しい模索が続いている。

この40年余りドラゴンズの球団史は、リリーフエースが輝いてきた歴史でもある。初代セーブ王の星野投手に続き、翌1975年（昭和50年）には鈴木孝政投手が21セーブをあげて、ドラゴンズから2年連続の最多セーブ投手を出した。鈴木孝政投手は3年連続の最多セーブタイトルを取る。それに続いたのは小松辰雄投手である。「スピードガンの申し子」と呼ばれ、鈴木投手から抑え投手の座を受け継いだ速球王だ。フォークボールを駆使した牛島和彦投手のキレのいいクレバーな投球も忘れられない。そして郭源治投手は星野監督によって先発からリリーフに転向、1988年（昭和63年）には37セーブをあげてMVPにも選ばれた。胴上げゲームを締めてマウンドでぴょんぴょん跳ねて喜びを表した姿が忘れられない。1990年（平成2年）には与田剛投手、翌1991年には森田幸一投手とルーキーがストッパーを務めた。そしてこの二人はいずれも新人王となった。同じチームから2年連続で新人王が出ることはあっても、どちらも抑え投手だったということはプロ野球史上でも例を見ない。特に与田投手はルーキーとしての開幕戦に登板して球速150キロを披露し、その年は31セーブの堂々たる成績を残した。「韓国の至宝」と呼ばれた宣銅烈投手は、星野監督らの背番号「20」を引き継いで抑え投手となり、1999年（平成11年）の胴上げ投手となった。この年にルーキー岩瀬仁紀投手が最優秀中継ぎ投手になっている。未来の〝守護神〟誕生の兆しはすでに生まれていた。エディ・ギャラード投手は、宣投手の現役引退の後、抑えのマウンドを守った。少しニヒルな顔つきでの熱投はファンの記憶に残っている。

そしてドラゴンズに絶対的な抑えのエースが誕生したのが2004年（平成16年）である。落合博満監督によって、中継ぎから抑えへと役割変更された岩瀬投手はその力を遺憾なく発揮する。ピンチでも動じないマウンドさばきと〝伝家の宝刀〟スライダーはじめ多彩なボール。前年まで通算わずか6セーブだった岩瀬投手だが、その後リリーフエースとして前人未踏の

400を超すセーブを積み重ねた。もうひとり、浅尾拓也投手も忘れられない。岩瀬投手に繋ぐセットアッパーとして、2010年（平成22年）は59、翌2011年には52のホールドポイントを挙げてドラゴンズ初の連覇に貢献した。特にこのシーズンは岩瀬投手に代わってクローザーをまかされた試合も多く、球団初となった連覇の胴上げ投手にもなりMVPにも選ばれた。

その投手が締めのマウンドに上がったら、味方の選手もファンも「勝った」と思い、相手の選手とファンは「負けた」とあきらめる。それこそがリリーフエースの条件であり、真骨頂である。名前を挙げてきたドラゴンズ歴戦の抑え投手たちは誰もがそれに値する投手だった。しかし……。

この輝かしいリリーフエースの歴史、それに続く次のページが空白なのである。どこのチームでも抑え投手の存在は大切である。しかし、ドラゴンズにとっては、あえて「別格」と申し上げたい。プロ野球の球団にはそれぞれに歴史があり、それに培われた風土がある。企業に「社風」というものがあるように。それは身売りなどによって親会社が変わろうが、脈々と流れる命脈である。ドラゴンズにとって「リリーフエース」という存在は、その球団史から見ても単なる「抑え役」ではない。チーム作り、そして戦いの根幹に関わる重要な存在なのだ。「中日ドラゴンズ」というチームを貫く屋台骨と言っても過言ではない。

秋季キャンプそして来年の春季キャンプからなどと悠長なことは言わない。ゲームも残り少なくなった今季の戦いのなかから、来季こそ球団史に名前を連ねることができる「リリーフエース」を見つけて確立するよう取り組んでほしい。抑えの切り札なくして5年連続Bクラスと低迷を続けるドラゴンズの浮上はないと82年の球団史が語っている。

(2018. 08. 23)

ファン怒りと希望のシーズンが終わった

中日ドラゴンズの２０１８年シーズンが終わった。かろうじて最下位はまぬがれたもののシーズン負け越しは高木守道監督の2年目２０１３年から6年連続、Bクラスも6年連続で球団ワースト記録を今年もまた更新してしまった。半世紀以上の長きにわたってドラゴンズファンをしているが、応援していてこれほど疲れたシーズンはなかった。それは決してチームが負け続けたからでなく、連勝も度々あってファンとしても明らかに前年よりも手応えを感じていたからである。「いけるぞ！」「やっぱりダメだ」のくり返し、期待と失望が激しく交錯した２０１８年シーズンだった。

明るい話題から始めれば、打撃陣の充実であろう。既定打席に達した打撃30傑の中に、リリーグ最多の7人が名を連ねている。首位打者のダヤン・ビシエドを筆頭に、平田良介、ソイロ・アルモンテの3人は堂々のベスト10入り、さらに大島洋平、福田永将、高橋周平そして京田陽太を加え、ドラゴンズから打撃30傑に7選手が入ったのは、2008年に森野将彦、和田一浩、井端弘和、タイロン・ウッズ、中村紀洋、李炳圭《イビョンギュ》、そして荒木雅博の7選手が名を連ねて以来11年ぶりの快挙だった。それだけ打撃オーダーは固定されて、落ち着いて戦える態勢が整ったと言える。

その一方で、投手陣は先発、中継ぎ、そして抑え、いずれも低迷した。防御率は12球団最低、逆転負けは38試合にも及んだ。なかでもファンとして悔しく、かつ切歯扼腕したのは、ゲーム終盤での信じられない逆転負けが多かったことだ。

6月28日、神宮球場での東京ヤクルトスワローズ戦で9回に5点を奪われサヨナラ負けを喫したことは、シーズンに一度くらいはあるゲームだとあきらめていた。

しかし8月19日の東京ドーム、讀賣ジャイアンツ戦で9回に4点リードを守れず今季6度目のサヨナラ負けをした時は、相手がジャイアンツだけに腹が立った。

そのショックも癒えない9月4日、舞台は再び神宮球場、9回に6点のリードを追いつかれ、延長戦でサヨナラ負け。正直、もう一生勝てないような絶望感を味わった。

いずれも抑えの投手たちが打たれた結果だった。それまでに打撃陣がもっと点を取っておけばいいとは言えまい。最終回での6点リードは一般的には〝セーフティリード〟だ。投手そしてそれを指導し起用するベンチの責任だ。

暑く長い夏からようやく秋風が吹き始めた9月25日のナゴヤドームでのスワローズ戦は、今季のチームを象徴するゲームだった。初回に平田選手が先制ホームラン、3回にはビシエド選手も追撃弾。先発の藤嶋健人投手も踏ん張り、2点リードで9回にはシーズン最終盤で抑え役を担っていた佐藤優投手。さすがにこのゲームはすんなりと終わるだろうと思っていたが同点に追いつかれ、延長10回に3点で逆転。「打撃陣は打つけれど投手陣が守れない、そして逆転負け」という今季のパターンだった。遠征先と違って本拠地だけに、スタンドのファンの失望と怒りは激しいものがあった。球場出口から地下鉄の駅に向かう通路でユニホームを着た女性ファンが叫んだ。

「来シーズンは二度と来ないからね！」

連勝と連敗のくり返しだった。ドラゴンズファンは幾度も「今年はいけるぞ！」と思い、しかし裏切られた。乱高下だった。本当の意味での実力がついていなかったためであろう。長いシーズンには度々波が来る。波に乗るチャンスはあった。松坂大輔投手の登板直後のゲームは勝てると話題になったが、それ以外に2つ挙げたい。

まず藤嶋投手である。6月17日メットライフドームでの埼玉西武ライオンズ戦。コンディションを崩した松坂投手に代わって急遽《きゅうきょ》先発した藤嶋投手は見事にプロ初勝利をあげる。しかし、その後しばらく藤嶋投手の先発は回ってこなかった。

次に石垣雅海内野手。7月12日のフレッシュオールスターゲームでのフルスイングでのホームランは全国のファンの度肝を抜き、この一振りで石垣選手はMVPを獲得した。後半戦にドラゴンズの起爆剤になるかとファンは期待したが、石垣選手は2軍のまま。ベンチにはベンチの分析や方針があることは百も承知だが、若い選手はチームに思わぬ勢いをつける。かつてそれを実にうまく使ったのが故・星野仙一監督だった。星野さんが亡くなった年だけにその采配が懐かしく思い出された。

最もきびしい現実が目の前にある。

1軍の低迷についてふり返ってきたが、実はドラゴンズは今季2軍がウエスタンリーグ最下位なのである。それも1位の阪神タイガースに26・5ゲーム差という気の遠くなるような差をつけられて。そのタイガースといい、2位に11・5ゲーム差でイースタン1位のジャイアンツといい、この2チームは1軍で優勝争いができなかったが近い将来への希望はある。しかし、ウエスタンでのドラゴンズ2軍の成績は衝撃である。過去6年間で4度も最下位になっている。1軍と2軍〝兄弟〟そろっての低迷をファンとしてどう受け止めたらいいのだろうか。

今季ナゴヤドームの観客動員数は「松坂効果」やレギュラー定着の期待感もあって躍進した。しかし課題は山積している。総括と分析を行って来季へ歩みだす秋、長期的な視野での徹底的な出直しを覚悟しないと強竜復活への道はあまりに遠い。

頼むぞドラゴンズ！　そして与田剛新監督！

（2018.10.10）

〝全国区スーパースター〟根尾昂選手が開ける明日への扉

与田剛監督のガッツポーズを見ながら〝あのシーン〟を思い出したドラゴンズファンも多いのではないだろうか。〝あのシーン〟、与田監督と同じようにドラゴンズを率いることになったばかりの星野仙一新監督が、５球団競合の１位指名の抽選で、高校屈指の左腕・近藤真一（現・真市）投手を引き当てた１９８６年（昭和61年）11月のドラフト会議である。

ドラフト会議は新人選手を獲得する場であるとともに、チームやファンに勢いをつける場でもあると考える。32年前、そのシーズン５位に低迷したドラゴンズは、新監督の星野さんがドラフト会場で得意気にガッツポーズをした瞬間から明らかに勢いがついた。その星野さんが後年のドラフト会議で単独指名した剛球王・与田さんが23年ぶりにドラゴンズに新監督として復帰し、いきなりドラフト最注目の根尾昂選手を引き当てたことに〝縁〟を感じる。

この「縁」という言葉を、実は根尾選手も口にした。指名直後の興奮さめやらぬなかでの記者会見。小学生時代、ドラゴンズ球団の公式ジュニアチーム「ドラゴンズジュニア」でプレーしていたことについて質問されたときである。

「何か縁があると思います。この御縁をしっかり大切にしてドラゴンズの一員として勝利に貢献してゆきたい」

星野さんが急逝した年に誕生した与田新監督、そしてその与田さんが引き当てた根尾選手。ドラゴンズブルーの「縁」が結ばれていたことを目の当たりにした思いである。


岐阜県飛騨市出身の根尾選手は小学6年生の2012年（平成24年）に「ドラゴンズジュニア」のユニホームを着た。この年のドラゴンズは落合博満監督からバトンを受けた高木守道監督の1年目シーズン、2位でクライマックスシリーズに進出し日本シリーズまであと1勝と迫る成績だった。しかし、根尾選手が中学生になった翌2013年から長き低迷が始まる。今年まで6年連続のBクラス。球団史上で最も長いワースト記録が続いている。

しかし、会見で根尾選手はドラゴンズの印象について尋ねられ「強い印象がある」と答えた。

多くのドラゴンズファンはこの6年間の低迷に怒り、失望し、それでも希望を捨てていない。根尾少年が野球に夢中になり始めた小学生時代は、落合監督が指揮を執った黄金期と重なる。そして根尾選手は来季7年ぶりに「ドラゴンズ」のユニホームに袖を通すことになった。ここにも「縁」がある。そしてそれは「希望の縁」でもある。

２０１８年ドラフトで根尾選手は間違いなく最も注目された選手だった。一時は過去最多に並ぶ7球団の指名が競合するのではと見られるほどだった。史上初2度目の甲子園春夏連覇を果たした大阪桐蔭高校、その中核選手として投げて打って大活躍した根尾選手。その姿を全国の人たちが鮮明に記憶している。高校野球では「全国区のスーパースター」である。ドラゴンズには２０１８年シーズン、〝平成の怪物〟松坂大輔というスーパースターが加わった。〝松坂効果〟もあって低迷していたナゴヤドームの観客数も２０１０年以来久しぶりに1試合平均3万１０００人を突破した。しかし、ピーク時に比べて1試合平均８０００人、年間で40万人、それぞれ劣っている。平成最後のドラフト会議で、ドラゴンズに加わることになった新時代のスーパースターが、その「縁」をフルに発揮してくれてナゴヤドームを沸き立たせることにも期待したい。自分の言葉をしっかり持っている根尾選手は「超一流の選手になりたい」と語った。「一流」でなく「超一流」。志も高い。

ドラフト会議が終わった夜、ドラゴンズファンである後輩から短いメールが届いた。

「Ｎｅｏドラゴンズの始まりですね！　バンザイ」

そう「根尾」は「Ｎｅｏ」、ギリシア語で「新しい」。そして「昂」という8角の漢字には「あがる」「日がのぼる」という意味もある。根尾昂選手が、与田新監督の下で生まれ変わろうとしているドラゴンズ、その〝昇竜〟の象徴になってくれることを多くのドラゴンズファンが期待している。

(2017. 10. 26)

大逆襲の秋が始まった！　与田新体制への限りなき期待

プロ野球ドラフト会議から1週間以上たつが、中日ドラゴンズのホームタウン名古屋の街では「根尾フィーバー」が続いている。さまざまな場所で、さまざまな時間に、さまざまな人たちが「根尾」「根尾」「根尾」とその名前を挙げている。自宅近くのクリーニング店に出かけた。開口一番、店のおばさんが興奮気味に話しかけてきた。「こんなに嬉しいドラフトは久しぶりだわ！」。

久しぶりという感覚はファンそれぞれである。故・星野仙一監督が近藤真一（現・真市）投手を引き当ててガッツポーズした1986年（昭和61年）？　讀賣ジャイアンツそして阪神タイガースと3球団競合の末に堂上直倫内野手を獲得した2006年（平成18年）？　それとも？　いずれにしてもドラフト会議における〝久しぶり〟の興奮であることは間違いない。

ドラゴンズファンはもちろん、今回はファン以外の多くの人たちも同じ気持ちのようだ。地元のスター誕生を心から喜んでいる。ドラゴンズがドラフト1位の抽選で、甲子園のスーパースター根尾昂選手を引き当てたことのインパクトはとてつもなく大きい。

沸き立つ理由は多い。根尾昂という選手を春夏甲子園での大活躍でたくさんの人が知っていること、ドラゴンズの地元である東海地方・岐阜県飛騨市出身であること、小学生時代に「ドラゴンズジュニア」として竜のユニホームを着ていること、ドラフト会議の抽選に勝ったこと、それも与田剛新監督が同じく讀賣ジャイアンツに復帰した原辰徳監督に勝ったこと、読書家であり努力家であるなど根尾選手本人の魅力が次々と伝えられたこと、これだけ多くの魅力的な要素が集まったならば、地元が興奮するのは当然だろう。名古屋駅の書店には根尾選手の愛読した本の特設コーナーまでお目見えした。

そして、もうひとつの大きな理由、それは今季まで6年連続Bクラスと低迷するドラゴンズへの歯がゆい思いと復活への切実な期待である。

新監督として23年ぶりにドラゴンズのユニホームを着た与田新監督、そのコーチ陣も発表された。監督以下11人がフレッシュな顔ぶれ、そのなかでひときわ目を引くのが伊東勤ヘッドコーチの存在である。現役時代は西武ライオンズの捕手として、パ・リーグ優勝14回、日本一8回を経験。ベストナイン10回、ゴールデングラブ賞11回の球界を代表するキャッチャーだった。そして西武ライオンズと千葉ロッテマリーンズの監督も経験し、2004年の日本シリーズは中日vs西武。落合博満監督との新監督同士の対決の末、ドラゴンズを打ち破った宿敵監督でもある。その伊東勤さんが、ヘッドコーチとして入閣したのである。与田新監督とはWBC日本代表のコーチ時代からの縁と聞く。現役時代は一度もなかった、この〝強力バッテリー〟にファンの期待は高い。

秋風が心地よいナゴヤ球場で、そして蟬の声がまだ残る沖縄の北谷球場で、それぞれ秋季キャンプが始まった。11月1日にナゴヤ球場のグラウンドに初お目見えしたスーツ姿の与田新監督は「地域密着のファンに愛されるチーム」「コミュニケーションをしっかり取る」「現状を踏まえてしっかり準備」この3つのポイントを挙げた上で「来年優勝したい」と強竜復活を力強く宣言した。シーズン前の2月キャンプと違ってこの時期のキャンプは、ある意味ケガを恐れずとことん自分を鍛えることができる。6年間Bクラスのチームは人並みなことをしていては決して上昇できるはずはない。「根尾昂」という大きな起爆剤を得た新生ドラゴンズ、厳しいトレーニングによる「地獄の秋」に期待したい。

（2018.11.01）

「カープに入ったらレギュラーになれるのか？」

平成最後となるプロ野球日本シリーズが終わった。広島東洋カープと福岡ソフトバンクホークスの戦いは、まさに「両雄激突」といえる熱戦だった。がっぷり四つの横綱相撲を見せられた思い。本当に強いチーム同士の野球はこんなにすごいものなのかとあらためて野球の魅力を堪能した。

そんな素晴らしい日本シリーズの真っ最中に、６年連続のＢクラスに沈んだ中日ドラゴンズは秋季キャンプをスタートした。新たに指揮を執る与田剛監督もナゴヤ球場で23年ぶりにドラゴンズのユニホーム姿を披露した。そこで与田監督はこんな言葉を選手たちにかけたという。

「自分が今のカープに入ったとき、レギュラーになれるのか」

内野なら、首位打者と最多安打のタイトルを獲得したダヤン・ビシエド選手のファーストはともかくとして、セカンドは菊池涼介選手に対しドラゴンズ高橋周平選手、サードは安部友裕選手に対し福田永将選手、ショートは田中広輔選手に対し京田陽太選手。外野ではセンター丸佳浩選手に対し大島洋平選手、ライトは鈴木誠也選手に対し平田良介選手、それぞれ監督の言葉の対象となる。他チームの同じポジションの選手のことはプロ野球選手ならずとも誰もが当然意識していると思うが、新しい指揮官から具体的にそれを言われたときに、ドラゴンズ選手たちはどんな思いだったのだろうか？

過去の新監督の言葉として、ドラゴンズの場合、39歳で就任した故・星野仙一監督の一言「覚悟しとけ！」は特に有名だが、今回の与田新監督の「カープに入ったらレギュラーになれるのか？」という言葉はとても重く厳しい。しばらくドラゴンズというチームを離れて外から見ていた立場だからこそ言える言葉であろう。ファンも含めて外部の人が自分たちのチームとプレーをどう見ているのか？　選手それぞれもこれを噛みしめたと信じたい。静かに響くだけに底知れぬ恐さがある言葉だ。選手起用の責任者は監督である。

今回の日本シリーズは個の力と采配の力、その両方が際立った。ホークスではバットを折りながらボールをスタンドに運んだ4番柳田悠岐選手のサヨナラホームラン。6連続で盗塁を阻止してシリーズMVPを獲得した甲斐拓也捕手の鉄砲肩。武田翔太投手の圧巻リリーフ。カープでは安部選手の満塁ホームランに鈴木選手の力強いホームラン3本という競演もあった。しかし、主将の内川聖一選手に当然のように送りバントを命じ、〝熱男〟松田宣浩選手や主砲のアルフレド・デスパイネ選手をスタメンから外すなど、シーズンとはひと味違う戦い方をした工藤公康監督のタクトが2年連続での日本一の凱歌を奏でる結果となった。

パ・リーグの野球に造詣の深い職場の後輩は「これまでどちらかといえば短期決戦を苦手にしていたホークスの野球が変わった。シーズンもシリーズも強くて、まさに鬼に金棒」と分析する。

ホークスの選手層は厚い。昨季のシーズンとシリーズのMVPである抑えのデニス・サファテ投手を欠きながら、それでも代わりの抑え役が登場してくる。〝甲斐キャノン〟という流行語も生み出した甲斐捕手は、実は育成ドラフト6位での入団である。チームとしてちゃんと選手を見て、育てて、そして選手本人もそれに応えて練習を怠らず成長した結果であろう。

ドラゴンズ秋季キャンプが行われているナゴヤ球場のスタンドには、いつもの年以上にたくさんのファンが訪れて、熱心に練習を見守っている。

「今のソフトバンクホークスに入ったとき、レギュラーになれるのか」

愛すべきドラゴンズが、セ・リーグの覇者カープ以上、日本一のホークスにも勝てるチームに復活できるのか。ファンは温かく、でも厳しい眼差しでドラゴンズ選手たちの練習を見つめ続けている。実りの秋が過ぎるのは早い。

(2018.11.08)

＊この章はＣＢＣ公式ホームページ「ドラの巻」に掲載されたコラムを加筆修正しました。

Ⅲ　愛しのドラ戦士！

―球団史に輝くスター選手25人―

ベストナイン

①杉下茂（投手）

ドラゴンズの春季キャンプ地である沖縄県北谷町の北谷公園野球場では、毎年、正真正銘のドラゴンズの〝レジェンド（伝説）〟の姿を見ることができる。杉下茂さんである。１９２５年生まれの杉下さんは大正の生まれである。しかし、ドラゴンズブルーの帽子とウィンドブレーカーを着け、グラウンドやブルペンで後輩たちを指導する、そのかくしゃくとした立ち姿は、90歳をとうの昔に過ぎた年齢をまったく感じさせない。

杉下投手が活躍した時代は私が生まれる前だったため、その投球姿をリアルタイムでは見ていない。しかし、ドラゴンズファンになった小学生の頃から伝説として聞かされていた代名詞が〝フォークボールの神様〟だった。何といっても、１９５４年（昭和29年）ドラゴンズ初めてのリーグ優勝、そして日本一をもたらしたエースである。その年のシーズンは32勝をあげ最多勝に輝いた上、最優秀防御率や最多奪三振など投手５冠を達成した。さらに西鉄ライオンズとの日本シリーズでは７試合の内５試合に登板して３勝、見事ドラゴンズを日本一にして、シーズンに続きシリーズでもＭＶＰに輝いた。登板した5試合で完投が４試合、今ではとても考えられないタフなエースの姿である。ドラゴンズの背番号「20」をエースナンバーにした大投手である。

ドラゴンズ史に燦然と輝く投手だけに、語り草は多い。杉下さんの実績は、２０１４年と２０１６年に実施された「中日ドラゴンズ検定」の問題にも複数登場する。例えば杉下投手は１９５５年（昭和30年）にノーヒットノーランを達成するのだが、その相手投手が４００勝投手となった金田正一さんだったこと。その2年後、讀賣ジャイアンツ相手に通算２００勝を達成した時の相手投手が、その後にプロレスラーに転向し「ジャイアント馬場」を名乗る故・馬場正平さんだったこと。通算２１１勝は、50歳まで現役を続けた山本昌投手が破るまで、ドラゴンズの球団記録だった。エピソードには事欠かない。

そんな大投手が、宿敵ジャイアンツの投手コーチになったときは驚いた。１９７６年（昭和51年）、前の年の最下位から挽回をめざした長嶋茂雄監督の要請でジャイアンツの1軍投手コーチとなり、ドラゴンズの前に立ちはだかった。父親世代のファンは特に複雑な心境だったのではないだろうか。ここ毎年、ドラゴンズのキャンプ地で後輩を指導する姿を見かける度に、やはり杉下さんには竜のユニホームが似合うと痛感する。

北谷キャンプでお話する機会を得た。１８０センチ余りの身長は、それ以上に見え、とにかく〝大きな〟存在感を出していた。私が小学生だった時代に名古屋駅前の地下街にあった洋食店で1人でランチを食べる姿を見かけた思い出を告げると、その店のことを懐かしんで目を細めた。旺盛な食欲だったことを記憶する。

ドラゴンズのエースナンバー「20」は現在、空き番号となっている。杉下さんには是非、「20」番の後継投手を育ててほしい。

②谷繁元信（捕手）

ドラゴンズの球団史で〝黄金期〟と呼ばれるのは、落合博満監督が指揮を執った2004年から2011年までの8年間だろう。リーグ優勝4回、53年ぶりの日本一、そしてこの間すべてAクラス。ドラゴンズファンにとっては、秋の日本シリーズの日程を観戦のために空けておくことが当たり前のような毎シーズンだった。そして、この間ドラゴンズのホームベースを守り続けたのが、谷繁元信捕手である。

ドラゴンズにはFA宣言をして2002年（平成14年）から加わった。前球団の横浜ベイスターズでは、1998年（平成10年）に権藤博監督の下でリーグ優勝と日本一を経験した。そんなスター捕手がドラゴンズに入団するとあって、ファンの期待は高まった。それまで正捕手だった中村武志選手がチームを去ったことは残念だったが……。

谷繁捕手は移籍1年目に130試合に出場し、盗塁阻止率も前年の5割4分3厘には及ばなかったものの4割8分3厘という堂々たる成績で、連続してリーグトップになる。

「グラウンドの監督」とも言われるキャッチャーが安定すると、そのチームの野球は落ち着く。2004年から始まる〝黄金期〟はまさに谷繁捕手によって支えられたといえるだろう。2013年には2000安打を達成する。捕手としては野村克也さん、古田敦也さんしか過去に記録しておらず、いかに捕手として卓越した選手かということが証明された。

そんな谷繁捕手にさらなる大記録の達成が期待されるようになる。同じキャッチャーだった野村さんの最多出場記録の更新である。三冠王にも輝いた野村さんは、3017試合出場という〝金字塔〟を打ち立てた。誰も破れないといわれたこの大記録に、同じキャッチャーである谷繁選手が近づいたのである。ケガに強くかつ成績を残しているからこそ資格が与えられるものだ。しかし、記録達成まで残り121試合となった2014年オフ、思いもかけない事態が持ち上がる。監督への道だった。落合監督の8年間を受けて指揮を取っていた高木守道監督が辞任し、その後任監督として谷繁選手に白羽の矢が立った。同時にGMに就任した落合元監督は、2011年に監督を退任する際に、「将来監督をさせるなら谷繁」と高い評価をしていたので、当然といえば当然の指名であった。ただ記録の達成は、本人もチームもあきらめるわけにはいかなかった。「兼任監督」として二足のわらじを履くことになったが、チーム成績は低迷し、本人にとってもファンにとっても辛い日々となった。２０１５年7月28日に３０１８試合出場を達成し、野村さんの記録を塗り替えた。金字塔である。しかし、選手を引退して臨んだ２０１６年はシーズン途中で監督休養という残念な結末を迎えた。

監督として結果を出せなかったといっても「捕手・谷繁」の評価が変わることはない。キャッチング、スローイング、チャンスに強い打撃……。チーム生え抜きの捕手がたくさんいるなか、ドラゴンズ球団史にきらりと輝く足跡を残した名捕手である。

③谷沢健一（一塁手）

ドラゴンズファンとしては忘れられない左のスラッガーである。それは二度の首位打者獲得に集約される。勝負強いバッターで、長い間、ドラゴンズのクリーンアップの座を守った。

谷沢健一選手は早稲田大学からドラフト1位で入団、1年目の１９７０年（昭和45年）シーズンにいきなりレギュラーを獲得する。この年は3月に大阪で「人類の進歩と調和」をテーマとした日本万国博覧会が開幕し、半年間にわたる祭典に日本中が沸きかえった。そんな高揚感のなかで、ドラゴンズファンはルーキー谷沢に声援を送り続けた。１２６試合に出場し、打率２

割5分1厘、11本塁打、45打点の活躍で、新人王に輝いた。

当初はレフトを守っていたが、その後は一塁に定着した。最初の大きな輝きは、入団以来の背番号「14」を「41」に変更した1976年(昭和51年)である。テレビのインタビューで「良い(41)番号」と本人が語っていた言葉を思い出す。新しい背番号を付けた谷沢選手はこの年、讀賣ジャイアンツの張本勲選手と激しい首位打者争いを展開する。そして打率3割5分4厘8毛4糸、わずか6糸差で首位打者となった。記録を達成したデーゲームは、当時平日午後にダブルヘッダーで行われており、高校の授業が早く終わったこともあってナゴヤ球場の外野席へ駆けつけた。谷沢選手は第一試合で張本選手の打率を抜き、第二試合はゲームに出場せずにベンチにいた。その第二試合はドラゴンズの惨敗で、外野席に陣取った応援団から「車に谷沢を乗せてグランド一周しろ!」とヤジが飛んでいた。ファンにとってはとにかく喜ばしいニュースだった。

そんな谷沢選手は大学時代からのアキレス腱痛に悩まされていた。プロ入り後も試合に出られない日々があった。しかし、1年以上に及ぶ治療、それも日本酒を患部に塗ってマッサージをするというユニークな方法によって、見事に復活した。1979年(昭和54年)9月、秋も深まったシーズン終わりのゲームに代打で登場して痛烈なヒットをライト前に放つが、そのシーンには思い切り拍手をした。そして翌1980年にヤクルトスワローズの若松勉選手を破り、

3割6分9厘の高い打率で2度目の首位打者に輝いた。最初の首位打者以上に、ケガを克服しての首位打者は、谷沢選手の技と努力が結実した勲章だった。この年のカムバック賞受賞は当然だろう。

その後、近藤貞雄監督による1982年(昭和57年)リーグ優勝時には4番として活躍、1985年(昭和60年)には2000安打を記録した。

忘れられない一打がある。星野仙一監督が誕生して谷沢選手は39歳で引退した。その引退試合となった1987年3月、ナゴヤ球場でのオープン戦の1回表、プロ最後の打席に立った谷沢選手はライトスタンドに特大のホームランを放った。私はそれを内野スタンドで見守っていたが、「俺はまだまだ現役でやれる」そんな意地を見せつけられた思いだった。ドラゴンズ球団史に残る素晴らしい左のスラッガーである。

④高木守道 (二塁手)

ドラゴンズの歴代ベストナインというより、プロ野球全体、少なくともセントラル・リーグのベストナインでもセカンドはこの人ではないだろうか。背番号「1」高木守道さんである。

ドラゴンズ地元の岐阜県出身、1960年(昭和35年)に県立岐阜商業高校からドラゴンズに入団する。高校1年生のとき、コーチに訪れた立教大学の長嶋茂雄さんがその守備を絶賛したという逸話の持ち主であり、入団まもなく二塁のレギュラーをつかむ。逆シングルで取ったボールをグラブから直接トスする「バックトス」は高木選手の代名詞ともいわれた。

高木選手が最も輝いたのは、やはり讀賣ジャイアンツの10連覇を阻止して、ドラゴンズが20年ぶりのリーグ優勝を果たした１９７４年（昭和49年）である。堅実な守備に加えて、勝負強いバッティングはファンを魅了した。この年の6月、中日球場での阪神タイガース戦でサヨナラ3ランを打ったとき、このモリミチ選手のリーダーシップ姿を見ながら、多くのドラゴンズファンはシーズンの途中から「ひょっとしたら優勝できるのでは？」と夢を見た。

その夢が実現する日の前夜、神宮球場でのヤクルトスワローズ戦。優勝マジック3で迎えたゲームは、迫り来るジャイアンツの脅威のなかで重苦しい戦いとなった。1点リードされての9回表2死3塁。ここで打席に立ったのが、1番の高木守道だった。ラジオの実況中継を聴きながら、まさに祈る思いだった。高木選手はここでレフト前へ同点タイムリーを打つ。同点。同点でもマジックは1つ減り2になる大切なゲームだった。9回裏はエース星野仙一投手が鬼気迫る投球でヤクルトを三者凡退に抑えた。翌日の大洋ホエールズとのダブルヘッダーに連勝してドラゴンズは優勝したが、前夜のヤクルト戦の同点引き分けこそ、20年ぶりのリーグ優勝を決めた試合だと思う。そしてその立て役者はまぎれもなく高木守道選手だった。入団15年目

33歳、後年に「ミスター・ドラゴンズ」とも呼ばれたが、この年はあえてそんな呼称も不要なほどのヒーローだった。

高木選手は続く日本シリーズでも輝く。中日球場での第1戦はサヨナラ2ベースを打ち、ドラゴンズに逆転勝ちをもたらした。しかし先頭打者ホームランを打った第4戦に自打球を足に当てて左足首を骨折し、全治3週間の大ケガ。それでも第6戦には痛み止めの注射を打ってゲームに出場した。日本一はロッテオリオンズ（現・千葉ロッテマリーンズ）に奪われたが、その背番号1の姿にドラゴンズファンは心からの拍手を送った。私はじめ多くのファンが、歴代でいちばん好きなドラゴンズ選手に「高木守道」と答える由縁である。

そんな高木選手は監督としても歴史のなかで語られる。讀賣ジャイアンツと同率で並んだシーズン最終戦、勝った方がリーグ優勝となるいわゆる「10・8決戦」で長嶋ジャイアンツと対戦したのは高木ドラゴンズだった。しかし、槙原寛己、斎藤雅樹、桑田真澄のエース級3人のリレーで対抗したジャイアンツに比べ、ドラゴンズはオーソドックスな選手起用と戦い方をして敗退。優勝監督としての名を残すことはできなかった。次に監督になったのは8年間にわたってチームを率いた落合博満監督の後任だった。最初のシーズンこそリーグ2位で、クライマックスシリーズでもあと1勝で日本シリーズ出場というところまでジャイアンツを追いつめたが、翌年からドラゴンズはBクラスに転落し、球団史上初の低迷期に入る。高木監督も退任した。

できれば高木守道さんが監督として胴上げされる姿を見てみたいと願ったドラゴンズファンは多い。それでも稀代の二塁手としての「名手モリミチ」の名はドラゴンズの歴史に燦然と刻まれている。

⑤落合博満（三塁手）

落合博満選手を、ドラゴンズの歴代ベストナインに選ぶことに異議を唱える人の数は少ないと思うが、「サード」というポジションでの選出に違和感を覚える方は多いかもしれない。「ファースト」のイメージが強いようだし、ドラゴンズに移籍する前のロッテオリオンズで初めて三冠王を獲得したときの「セカンド」という印象もある。しかしプロ入団当時は「サード」、そしてドラゴンズに移籍直後の「4番サード落合」の印象は強烈だった。そこには「4番サード」の後に続いたプロ野球のスーパースター「長嶋茂雄」のイメージから、「やはり4番はサード」とジャイアンツファンだけでなくドラゴンズファンとしても思ってしまうということか……。

パ・リーグで三度も三冠王を取った〝三冠男〟落合博満選手のドラゴンズ入りは、今やプロ野球界の伝説のひとつになったと思う。〝抑えのエース〟だった牛島和彦投手を含む4選手との大型トレード。故・星野仙一さんが新監督として指揮を執った1987年（昭和62年）シーズンから落合選手はドラゴンズの「4番サード」の座に就いた。どっしりと。つい打撃に目が向いてしまうが、サードの守備は堅実だった。投手の一球一球に腰を深く落として守る、基本に忠実な三塁手だった。ベストナインに10回選出されたなか、サードではファーストと同じ回数の4回選ばれている。

1987年から7年間プレーしたドラゴンズでの数々の打席のなかで、ファンの間で語られるのは移籍3年目、1989年（平成元年）8月12日ナゴヤ球場でのジャイアンツ戦である。ジャイアンツの斎藤雅樹投手が9回1死までノーヒットノーランの好投。しかし落合選手が逆転サヨナラ3ランを放ち、斎藤投手の夢を打ち砕いたのだった。あの右中間ホームランの軌道は今でも鮮明に覚えている。ドラゴンズファンは酔った。「これが4番だ」と。そして身をもって知った「一球の恐さ」を。時は巡り落合選手が監督としてドラゴンズを率いての2007年（平成19年）日本シリーズ第5戦。この試合でドラゴンズは53年ぶりの日本一を達成するのだが、パーフェクトゲームを続けていた山井大介投手を9回に岩瀬仁紀投手に交代させた継投が大きな論議を呼んだ。しかし、あの交代につながった記憶として斎藤投手からのホームランもあるのかもしれない。記録はたった一球で消え去ると……。

落合博満の野球は奥が深い。その選手時代に私が知った言葉は打席での「撒《ま》き餌《え》」。わざと空振りをするなどして、相手投手を疑心暗鬼にさせ、そして仕留める。グラウンドでの一挙手一投足が楽しかった。そんな魅力的なプレーヤーだった。通算安打２３７１本の内、５００本目、１０００本目、１５００本目、２０００本目の安打はすべてホームラン。狙って打ったとしか思えない。見事だ。

ドラゴンズでは打点王と本塁打王をそれぞれ2回獲得した。しかし三冠王は実現しなかった。自らが持つ通算記録を更新する４度目の三冠王を、ドラゴンズのユニホーム姿でぜひ実現してほしかった。

⑥立浪和義（遊撃手）

ドラゴンズは「遊撃手のチーム」だ。球団史のなか、球団初の日本一を達成した１９５４年（昭和29年）の牧野茂選手をはじめ、巨人10連覇を阻止した１９７４年リーグ優勝時のショート広瀬宰選手、バットを短く持つ〝ミヤーン打法〟の正岡真二選手、ホームラン王に輝きながらも〝ヘディング〟が有名な宇野勝選手など、ファンの記憶に焼き付いている選手が多いポジションである。最近でも〝アライバ〟として落合政権時代の二遊間を支えた井端弘和選手がいたし、２０１７年シーズンは京田陽太選手が新人王に選ばれた。

そんなドラゴンズの遊撃手の系譜にきらりと輝くのが立浪和義選手である。高校野球の名門ＰＬ学園で、「ＫＫコンビ」と呼ばれた桑田真澄、清原和博世代の２期下。キャプテンとしてチームを束ね、「ＫＫコンビ」ですら成しえなかった甲子園春夏連覇を達成した。そして１９８７年（昭和62年）ドラフト１位でドラゴンズに入団した。時の監督は若手選手の大胆な起用では右に出る者がいなかった故・星野仙一さん。立浪選手はオープン戦からあれよあれよという間に、ショートのレギュラーの座を宇野選手から奪い、開幕戦に「２番ショート」でスタメン出場した。セ・リーグでは29年ぶりとなる高卒新人野手の開幕戦スタメンだった。その第３打席で放ったプロ初安打は二塁打だった。

それは立浪選手の選手生活を暗示するような打席だった。22年間の現役生活で放った二塁打の数は４８７、今なお破られていない堂々のプロ野球記録であり「ミスター・ツーベース」の称号も得た。

背番号「３」を背負って躍動し続けた立浪選手のプレーはドラゴンズファンを魅了した。高卒ルーキーと思えぬ華麗な守備、センスのある走塁、そして勝負強い打撃。それらはショートだけでなく、チーム事情や体調面からセカンドやサードを守っていても変わることがない魅力だった。１９９４年（平成６年）10月８日、最終戦での同率決戦いわゆる「10・８」決戦での決死の１塁ヘッドスライディング、その時の脱臼姿にファンは執念を見た。２００４年（平成16年）

10月17日の西武ライオンズとの日本シリーズ第2戦、松坂大輔投手からライトスタンドに放った同点3ランの軌道と興奮は今なお鮮明に記憶している。ナゴヤドームは興奮に包まれた。それはやがて「代打」という立場になっても変わらない立浪和義のプレースタイルだった。すべてに「気」が入っていた。

２００９年（平成21年）９月30日の本拠地最終戦は、立浪選手にとってナゴヤドームでの現役最後のゲームとなった。このときは体調面もあってショートではなくファーストを守ったが、引退がもったいなく思える3安打の活躍だった。そしてプロ最後の打席はツーベース。二塁打から始まった選手生活の締めも二塁打、ドラゴンズファンはそこに歴代のなかでも〝名遊撃手〟として竜に降臨した縁をあらためて見た思いだった。

いつの頃からか三代目「ミスター・ドラゴンズ」と呼ばれるようになった立浪さん。ドラゴンズファンにとっての「遊撃手」第一人者はやはり貴方だと思う。

⑦江藤慎一（左翼手）

ドラゴンズの「スラッガー」として真っ先に名前が浮かぶのが、江藤慎一さんである。右投げ右打ちの強打者。おそらくそれは、私自身が幼い頃に「中日ドラゴンズ」を応援し始めた時期の印象が強烈だからだろう。「4番レフト江藤」こんな球場アナウンスが今も耳に残っている。自分にとっての「4番」は江藤選手だった。

江藤選手は、1959年（昭和34年）にキャッチャーとしてドラゴンズに入団した。その後、内野でファーストを守ったり、外野でレフトを守ったり、いろいろなポジションを担当する。しかしその打撃は一貫して、思い切りのいい見事なものだった。ドラゴンズ時代の江藤選手を語る上で忘れることができないのは、東京オリンピックが開催された1964年（昭和39年）、そして翌年の1965年（昭和40年）に2年連続で首位打者になったことだ。その時のライバルは讀賣ジャイアンツの王貞治選手だった。いずれの年も、打点、ホームランともに王選手がトップを走っており、もし首位打者を取ると、王選手は〝自身初の三冠王〟に輝くはずだった。それを2年続けて阻止したのだから、ドラゴンズファンの江藤選手に対する賛辞は惜しみなく、まさに記録にも記憶にも残る打者となった。これまでのオールスターゲームでドラゴンズ選手の10人がMVPを獲得するなか、江藤選手は1965年と1968年の2回もMVPに選ばれている。まさに球界を代表するスラッガーがドラゴンズの4番を打っていたのだ。

しかし、豪快なキャラクターは当時の水原茂監督と衝突、11年間のチーム在籍の末、1969年にトレードを拒否して任意引退の立場になってしまった。そのプレーを惜しむ声は多く、翌1970年にロッテオリオンズに移籍して現役復帰した。そして1971年にパ・リーグの首位打者となる。史上初の両リーグ首位打者の誕生だった。

江藤選手が強い印象で私たちドラゴンズファンの前に再び現れたのは、1974年（昭和49年）10月12日の中日球場（現・ナゴヤ球場）だった。江藤選手はロッテから移籍した先の大洋ホエールズのユニホーム姿でレフトを守っていた。そしてこの日、ドラゴンズは20年ぶりのリーグ優勝へマジック2、ホエールズとのダブルヘッターにペナントをかけて臨んでいた。かつての主砲は、トレードを拒否してまで愛してやまなかったドラゴンズが優勝を手にしようとしている姿を、レフトの守備位置からどんな思いで見守っていたのだろうか。私たちファンも複雑な思いだった。ドラゴンズはホエールズを連破し、待望久しいペナントを手にした。盛り上がる中日球場、そんななかで江藤選手は第1試合の9回表に2ランホームランを放ち、ドラゴンズに対して意地を見せたのだった。

江藤選手はその後、太平洋クラブライオンズ（現・埼玉西武ライオンズ）の選手兼監督になる。さらに社会人野球の指導者にもなったが、ドラゴンズのユニホームを着ることは二度となかった。そして2008年（平成20年）病いのため70歳で旅立った。いつまでも記憶に残るドラゴンズきってのスラッガー、「4番レフト江藤」だった。

⑧田尾安志（中堅手）

もしあのトレードさえなければ……と、今も思う。それほど口惜しく、そしてショッキングな電撃トレードで、田尾安志選手は突然ドラゴンズを去った。１９８５年（昭和60年）１月のキャンプイン直前のことだった。もしトレードがなく、田尾選手があのままドラゴンズに残っていたのなら、きっとリーダー、そして指導者としてチームで活躍してくれたのにと思うファンは多い。

田尾選手は、同志社大学で投手としても野手としても活躍し、１９７５年（昭和50年）のドラフト会議でドラゴンズに1位指名された。背番号はいきなりの「2」番、期待の表れだった。甘いマスクに明るい笑顔、そしてグラウンドでの生き生きとしたプレーにドラゴンズファンは魅了された。1年目の１９７６年シーズン、開幕当初は1軍と2軍を往復していたものの夏場にはレギュラーの座をつかんだ。打率2割7分7厘の成績以上に活躍したという印象が強い。新人王に選ばれた。その年は谷沢健一選手も初の首位打者に輝き、ドラゴンズの左打者が隆盛を極めたシーズンとなった。

田尾選手のエピソードとして最も多く語られるのは、近藤貞雄監督の〝野武士野球〟でリーグ優勝した１９８２年（昭和57年）の最終戦であろう。首位打者争いをしていた田尾選手は、その相手が対戦チームの長崎啓二（現・慶一）選手だったことから5打席連続の敬遠をされる。長崎選手3割5分1厘、田尾選手3割5分0厘1毛とその差は9毛だった。最後の5打席目に田尾選手は3ボールからの敬遠球を2球続けて空振りする。勝負を避ける相手への精一杯の抗議に、私たちファンは拍手を贈った。熱い選手だった。その年から3年連続のリーグ最多安打を記録、ドラゴンズの中心選手だったが、年明けキャンプ前の異例のトレードで田尾選手とファンの絆は断ち切られた。

沖縄・北谷キャンプで初めて田尾さんと会話を交わす機会を得た。あこがれの選手だっただけに、こちらの高揚はピークに近かった。それでも聞くべきことは聞きたいと思った。ファンとしての最も悲しい思い出として、あのトレードのことを尋ねると、

「今でこそFA制度などがあり選手も発言できる時代になったけれど、あの頃は球団が強く選手の立場は弱かったから」

当時一説には選手会長として球団幹部に直言し続けたことが放出の要因とも言われていた。首位打者争い、5打席目のボール球空振りについては、

「口惜しさをぶつけたというより、ちゃんと真剣勝負しているという姿勢をファンに見せたかった」

デビュー当時のことも振り返った。

「大学時代に主に投手だったこともあり守備や走塁の基本ができていなかった。だから開幕

直後に自分から希望して2軍に行き、そこで外野手としての練習を積んだ」

そこまで自分の野球を考え抜く、こんな大人の選手がかつてのドラゴンズにいたのだ。とても感慨深い対面だった。

田尾選手の明るい笑顔を、今も多くのドラゴンズファンは忘れていない。

⑨T・マーチン（右翼手）

20年ぶりにリーグ優勝した1974年（昭和49年）、ドラゴンズの4番打者はトーマス・ユージーン・マーチン選手だった。「燃えよドラゴンズ！」では「4番マーチン、ホームラン」と歌われたマーチン選手である。

80年を超える球団史のなか、最初の年のハーバート・ノース投手とバッキー・ハリス捕手から始まり、ドラゴンズには多くの外国人選手が加わったが、思い出の助っ人としてマーチン選手を挙げるファンは多い。それはリーグ優勝時の4番打者という立場とともに、彼の優しい人柄、愛すべきキャラクターによるものだろう。

ハワイ出身の与那嶺要監督が率いるドラゴンズに1974年に入団してきたときは、正直「大丈夫か？」と不安だった。トレードマークのヒゲさえも、どこかひ弱に見えた。しかし、シーズンが始まってまもない4月16日のヤクルトスワローズ（現・東京ヤクルトスワローズ）戦で3打席連続ホームラン、それもすべて2ランという鮮烈な打撃を披露した。その年は35本塁打、87打点で優勝に大貢献した。高々と弧を描きスタンドに飛び込む滞空時間の長いホームランが特徴的だった。そしてホームランの固め打ちができる打者だった。3年目の1976年シーズンには1試合2本以上のホームランを10試合も記録している。

マーチン選手を語る上で忘れてはならないのが、その禿頭である。ドラゴンズ入団時はまだ27歳という若さだったが、すでに頭髪は多くなかった。ヒットなどで出塁したときに、ヘルメットをすかさず帽子へとかぶりかえるスピードに、私たちファンは大笑いした。それほどまで隠したかった禿頭だったが、20年ぶりにリーグ優勝を決めた瞬間、中日球場のスタンドからグラウンドに雪崩れ込んだファンによって帽子を奪われ、それを隠そうともせず大はしゃぎしていた姿は、彼の人柄を表したシーンだった。

ドラゴンズには5年間在籍し、大洋ホエールズで1年だけプレーした後はアメリカに帰国した。マーチン選手とは2度、個人的に接点を持った思い出がある。

最初は1977年（昭和52年）名古屋の都心にあるピザレストラン。高校帰りに友人と訪れたときに、夫人と昼食中のマーチン選手を見つけて、バインダーノートにサインしてもらった。たどたどしい英語で、「私はナゴヤ球場の近くに住んでいて、去年も10回球場へ行った。今年も行きます」と話しかけると、「マイニチネ（毎日ね）」と笑顔で応えてくれた。

二度目は放送局で仕事についた後、「あのドラゴンズ選手は今」というニュース特集で電話インタビューをした１９８４年（昭和59年）10月。マーチンさんは引退後アイダホ州で農場を経営していた。誠実な人柄は変わらず、突然国際電話してきた相手に対しても気持ちよく応対してくれた。くしくも歓喜のリーグ優勝からちょうど10年の歳月が流れていた。マーチンさんは37歳。十分現役を続けることができる年齢なのだが、日本からアメリカへ帰国した後はわずか1年で引退していた。優しい性格は日本での、そしてドラゴンズでのプレーにうまく合ったのだろう。愛すべき助っ人だった。

次なるベストナイン

①星野仙一（投手）

星野仙一という野球人が中日ドラゴンズに残した足跡は大きい。それは投手としてだけでなく監督としての存在もあるのだが、杉下茂さんをベストナインの「投手」に選んだことを受けて、故・星野仙一さんを投手部門の次点とした。「なぜワシが次点なんじゃ!?」と空の上から怒鳴り声が聞こえるかもしれないけれど……。

多くのドラゴンズファンが「投手・星野仙一」に魅了されたのは、やはり１９７４年（昭和49年）、川上哲治監督率いる讀賣ジャイアンツが、王貞治・長嶋茂雄というスーパースターらを擁してめざした10連覇をドラゴンズが阻止してリーグ優勝を果たしたシーズンだろう。この年、入団6年目を迎えた27歳の星野投手は、先発にリリーフにと文字通り「獅子奮迅」の大活躍だった。「獅子」ならぬ「竜神」か。15勝9敗10セーブの堂々たる成績で、この年から導入されたタイトル「セーブ王」を最初に受賞するとともに、投手の栄冠の最高峰である「沢村賞」も受賞した。もしあのシーズンに王選手が2年連続の三冠王を取らなければ、王選手に代わってＭＶＰ

（最優秀選手）も獲得できたと思っている。

リーグ優勝を決めた試合、その瞬間のマウンドには先発完投した星野投手が仁王立ちし、木俣達彦捕手と抱き合ったが、そのゲーム以上に強く印象に残っているのが、前夜の神宮球場ヤクルトスワローズ戦のリリーフである。優勝マジック3で迎えたこのゲームは、1点リードされた9回表2死3塁で、野手のリードオフマン高木守道選手が起死回生のタイムリーを打ち同点に追いつく。引き分けでもマジックは2に減る局面で、その9回裏にマウンドに上がったのが星野投手だった。ヤクルト打線を三者凡退に抑えた。当時テレビ中継はなかったためラジオで実況を聞きながら、鬼気迫る表情で打者に立ち向かうエース星野の姿を目に浮かべ名古屋の地から祈るような思いだった記憶がある。そして、優勝をかけた翌日の大洋ホエールズとのダブルヘッター、マジック1で迎えたその第2戦に星野投手は先発して完投、見事胴上げ投手になった。

翌年からも星野投手のマウンドは熱かった。後年「本人の芝居がかった演出もあった」という関係者からの微笑ましい証言も明らかになったが、ファンにとってはまったく問題なし。見ていて楽しく頼もしく、心から好きな投手だった。私の父親世代の年長ファンは「やんちゃ坊だけど愛《う》い奴」と見ていただろうし、私たち年下ファンは「頼りになる兄貴」的に応援していたと思う。1978年（昭和53年）のジャイアンツ戦で、1点リードの9回表1死満塁で、四番の王貞治選手をダブルプレイに仕留めた試合など、数々の名場面がなつかしく思い出される。1982年（昭和57年）に現役引退するまで、ドラゴンズファンを熱くさせてくれた投手だった。

ベストナインに選びたい投手は、その実績からは山本昌さん、抑え部門があるならば岩瀬仁紀さん、その他にも松本幸行、稲葉光雄、小松辰雄、川上憲伸ら名投手が浮かぶが、杉下さんも星野さんも背番号は「20」。やはりドラゴンズのエースナンバーは「20」が相応しいという思いをこめて二人を選んだ。

②中尾孝義（捕手）

長年抱いていたキャッチャー（捕手）像を覆された思いだった。1981年（昭和56年）に社会人プリンスホテルからドラフト1位で入団してきた中尾孝義捕手のプレーである。俊敏にしてキレがある。しかも打撃にはパワーがある。何よりキャッチャーとして大切な頭脳、すなわちクレバーさが備わっている。日本プロ野球の捕手イメージを大きく変えるような選手をドラゴンズのユニホーム姿で見る幸せをファンとして感じた。

いきなりアニメの話になってしまうが、野球のキャッチャーというと真っ先に浮かぶ2人の選手がいる。まず『巨人の星』の伴宙太、柔道部の主将にして後に主人公・星飛雄馬と固い友情で結ばれてバッテリーを組む。そして『ドカベン』の主人公・山田太郎。打撃と守備ではとてつもない力を発揮するが走ることだけはダメ。ニックネーム「ドカベン」が体を表していた。それが典型的な捕手像だった。もっとも『ドカベン』には土井垣将、微笑三太郎というスマートな捕手もチームメイトとして登場するが……。

そこへドラゴンズブルーに身を包んだ中尾捕手の登場である。走攻守すべて揃った選手で、入団してまもなく、長く竜のホームベースを守ってきた木俣達彦捕手からレギュラーの座を奪った。背番号は「9」。ドラゴンズのキャッチャーが一ケタの番号を背負うのは木俣捕手とともに1974年（昭和49年）リーグ優勝の頃に活躍した新宅洋志捕手の「7」以来だった。中尾捕手は背番号の数字も軽かったが、そのプレーぶりも軽快そのもの。守備、特に盗塁を刺すとき と、送りバントを処理するときのスピードには目を見張るものがあった。

もうひとつ大きな特長は、守備の際に被ったヘルメットである。当時、キャッチャーはレガースを付けるときに帽子をくるりと180度回転させるだけだったが、中尾選手はヘルメットを着用した。そのヘルメットはツバ部分が小さく、被った姿はまるでアニメの「一休さん」のようだった。中尾選手のトレードマークとなり、宇野勝内野手そっくりで当時人気だった「宇野人形」という着ぐるみキャラクターに続き、「一休さん人形」もナゴヤ球場スタンドに登場したほどだった。

そんなドラゴンズの「一休さん」が輝いたのが、1982年（昭和57年）の入団2年目だった。この年ドラゴンズは近藤貞雄監督の〝野武士野球〟の下、8年ぶりにリーグ優勝をするのだが、田尾安志、平野謙、ケン・モッカ、谷沢健一、大島康徳、宇野勝といった野手陣、都裕次郎、鈴木孝政、郭源治、小松辰雄、三沢淳といった投手陣、そんな錚々たるメンバーのなかから、MVP（最優秀選手）に選ばれた。しかしスマートな身体はケガも多く、中村武志という新たな捕手が育ってきたこともあり外野手に転向、1988年（昭和63年）リーグ優勝を最後に、讀賣ジャイアンツ西本聖投手らとのトレードでドラゴンズを去った。

監督もつとめた谷繁元信捕手以降、ドラゴンズはなかなか正捕手が定まらない。そんな日々を送るドラゴンズファンにとって、エネルギッシュに躍動していた「一休さん」の姿は今も強烈に目に焼きついている。

③西沢道夫（一塁手）

海を渡って米メジャーリーグに羽ばたいた〝二刀流〟大谷翔平選手の活躍は、送り出した日本国内はもちろんだが、野球の本場アメリカのファンをも熱狂させている。見事にイチロー選手以来の新人王にも選ばれた。しかしドラゴンズにも堂々たる〝二刀流〟選手が存在していた。

西沢道夫選手である。ドラゴンズに2つある永久欠番の内のひとつ、背番号「15」を背負って活躍した。

西沢選手の凄さを記録から紹介するならば、投手として「20勝」、野手として「40本塁打」を記録した唯一の選手ということだろう。さらにノーヒットノーランも達成している。

西沢選手は陸軍青年将校らによる「二・二六事件」が起きた1936年（昭和11年）にドラゴンズに入団し、翌年16歳で投手としてデビューする。今なお、日本プロ野球の最年少出場記録である。1940年（昭和15年）には20勝をあげて一躍スターの座に躍り出る。そして真珠湾攻撃によって太平洋戦争が始まった翌年の1942年（昭和17年）に、今なおドラゴンズの歴史に残る、大洋ホエールズとの延長28回の死闘に臨んだ。西沢投手はこの試合を完投した。そして同じ年にノーヒットノーランも達成した。

終戦をはさんで打者に転向した西沢選手は、1950年（昭和25年）に46本塁打を達成した。ドラゴンズ球団史などによると、そのシーズンは5本差でホームラン王は取れなかったものの、2年後の1952年には打率3割5分3厘、98打点で二冠王に輝く。この年には杉山悟選手が27本でホームラン王を取り、「ドラゴンズというチームで三冠王達成」と球団史のページも踊る。戦後復興が進むなか、多くのドラゴンズファンにとって希望の光だったはずである。

私は実際にこの目で西沢選手のプレーを見たことがない。大須球場などで当時のプレーを見たという昭和一ケタ生まれの父は「カッコいい選手だった」と語る。「スマートで背が高く、何か洗練された感じだった」と。そしてそれが、西沢道夫選手が初代「ミスター・ドラゴンズ」と呼ばれる由縁ではないかと思うひと言を口にした……。

「バッターボックスに立つと、何か打ってくれる感じだった」

ニックネームは「ブンちゃん」。野球殿堂入りした1977年（昭和52年）12月に死去。56歳での旅立ちはあまりに早かった。永久欠番「15」は今なお色あせることはない。

④荒木雅博（二塁手）、⑥井端弘和（遊撃手）

ドラゴンズ歴代ベストナインを選ぶにあたって、最も迷ったのがセカンドとショートの二遊間である。それぞれ単独として、セカンドには高木守道選手、ショートには立浪和義選手を「わがベストナイン」に選んだのだが、二遊間コンビとなると世代を超えたとしても、この2人を組ませることに少し躊躇いが生じる。「アライバ」と呼ばれた黄金の二遊間コンビが、ドラゴンズに存在したからである。最高の二遊間コンビだった。

アラキとイバタのコンビ、略して「アライバ」コンビは、2004年（平成16年）落合博満監督の就任とともに本格的に結成された。落合監督は春の沖縄キャンプの守備練習で自らバットを握り、荒木雅博、井端弘和両選手にノックを打ち続けた。守備力は格段に成長し、2人の呼吸もピッタリと合っていく。打順も「1番セカンド荒木」「2番ショート井端」と確立、最初のシーズンだった2004年からリーグ優勝すると、チームは8年間でリーグ優勝4回、日本一1回、Bクラス一度もなしという黄金時代に突入した。そして2人はそろって2004年から2009年まで6年間連続で、好守備を讃えるゴールデングラブ賞を獲得、2006年まで3年連続でベストナインにも選ばれたのだから、守備だけでなく攻撃面でも評価は高かった。

荒木選手は1995年秋のドラフト会議で、1位指名した福留孝介選手の〝外れの外れ〟1位で指名されて入団した。とにかく足は速く、それを活かすために一時スイッチヒッターにも挑戦した。外野を守ったこともある。その後、山田久志監督時代に初めて規定打席に到達した後はレギュラーの座に躍り出た。本人も同じことを語っているが、正直なところファンとしても、荒木選手が将来2000安打を記録するとは思わなかった。2008年のオールスターゲームではMVPにも選ばれている。

井端選手は荒木選手より2歳年上だが、プロ入りは2年遅い1997年ドラフト会議、5位の指名でドラゴンズに入団した。同じ年のドラフト候補のショートには井口資仁選手がいた。故・星野仙一監督の最後のシーズンだった2001年にレギュラーとして全試合フル出場した。翌年9月21日の横浜ベイスターズ戦でサイクルヒットを達成、その瞬間をナゴヤドームのスタンドで見守り、心からの拍手を贈った思い出がある。何球も何球も投手が嫌がるほどファールで粘った末の右打ちはまさに職人技だった。

そしてこの2人を落合監督がコンビとして育て「守り勝つ野球」の象徴として起用し続けたことが、2000年代ドラゴンズの黄金期を築いたといえる。

数々の名場面を残してきたコンビだが、センターに抜けようかという当たりをセカンド荒木が追いつきショート井端にバックトス、井端がファーストに送球しアウトというコンビネーションプレーは、映像を何度見返してもワクワクした。ダブルプレーではなく1つのアウトを取るための息のあった共同作業、よほど相手を信じ波長とリズムが合っていなければ実現しないスピーディーな技だった。アライバコンビの真骨頂である。

荒木選手は2018年シーズンで引退した。一方、讀賣ジャイアンツのユニホームを選手そしてコーチとして着ていた井端選手もそのユニホームを脱いだ。しかし、ファンとして熱い夢を語るならば、いつか再び二人が同じドラゴンズブルーに身を包み、1塁コーチに井端、3塁コーチに荒木が立つ「アライバコーチ」を見てみたい。心から楽しみな夢である。

⑤島谷金二（三塁手）

ファンは皆それぞれにご贔屓チームの「ベストナイン」を語ることができると思う。そしてドラゴンズの三塁手というと、この人の名前を挙げるドラゴンズファンが多い。島谷金二選手である。

1969年（昭和44年）、ドラフト9位で社会人からドラゴンズに入団する。指名されて4度目での入団だった。ドラフトでの指名そして拒否といえば、パームボールで活躍した藤沢公也投手の5度目の入団が知られている。プロ野球のドラフト史上、入団拒否の回数は藤沢投手が1位、島谷選手が2位、ともにドラゴンズに入団というのは不思議な縁である。一般社会ではよく「上司は選べない」と言われるが、島谷選手の場合は香川県立高松商業高等学校の先輩に、時のドラゴンズを率いていた水原茂監督がいたことが大きかった。当初、まったく打てない粗っぽい打撃の選手という印象があった。しかし水原監督は忍耐強く島谷選手を使い続けた。最初の年は125試合に出場するも、成績は打率2割1分0厘、25打点、8本塁打。よくこれで1年間レギュラー起用されたものだ。昨今、こういう腹をくくった選手起用があまり見られなくなった。そして島谷選手は監督の期待に応え、大型三塁手として開花する。

歴代ベストナインのサードに島谷選手を思い浮かべるファンは、やはり1974年（昭和49年）20年ぶりのリーグ優勝を決めた瞬間の印象が強烈だからであろう。大洋ホエールズの山下大輔選手の三塁ライナーを島谷選手が軽くジャンプしてキャッチ。「三塁ライナー！　島谷取った！　ドラゴンズ優勝！　20年ぶりの優勝！」という実況中継とともに島谷選手の捕球、そしてそれに続き、星野仙一投手が帽子をかなぐり捨てて駆け寄った木俣達彦捕手と抱き合うシーンを、私たちは何度見たことか……。この試合で島谷選手はホームランも打っている。

優勝翌年の1975年は130試合にフル出場し、成績は打率2割8分0厘、76打点、20本塁打の好成績を挙げるも、翌年のシーズンオフに阪急ブレーブスにトレードで移籍した。このときは巨人キラーとして活躍していた稲葉光雄投手も一緒に阪急へ。島谷選手はブレーブスでベストナインに2回選ばれるなど活躍した。ドラゴンズファンにとっては、今なお残念な思いの残る複数トレードだった。ドラゴンズ所属は8年間、しかし強い印象を残した愛すべき三塁手だった。

月日が流れ、1984年（昭和59年）秋、「あのドラゴンズ選手は今」というニュース特集の取材で、西宮第二球場に島谷さんを訪ねた。引退後、阪急ブレーブスの2軍コーチをしていた。開口一番「あぶないなあ、ドラゴンズ」と、当時トップから2位に転落したばかりのドラゴンズの心配をしながら、明るく笑った姿を覚えている。プレーさながら豪快な人だった。この快活なムードが多くのドラゴンズファンに愛されたのだと確信した出会いだった。

⑦和田一浩（左翼手）

「昨日の敵は今日の友」そんな言葉にぴったりなのが和田一浩選手だった。西武ライオンズ時代は日本シリーズでドラゴンズの前に立ちはだかり、ドラゴンズ移籍後はドラゴンズの黄金期に大きく貢献してくれた。

ドラゴンズファンとして忘れられないのは、落合博満新監督の下でリーグ優勝をして進出した２００４年（平成16年）の日本シリーズである。ドラゴンズが悲願の日本一に王手をかけて臨んだ第６戦、和田選手はドラゴンズ先発の山本昌投手から逆転２ランを左中間スタンドに放り込む。それだけではなかった。続く打席で、今度は落合英二投手から右中間にソロホームラン。通算４本目という日本シリーズタイ記録のホームランは西武に３勝３敗のタイとなる勝利をもたらした。ライオンズの先発は、こちらも「昨日の敵は今日の友」である松坂大輔投手。８回を２失点に抑えて勝ち投手になった。そして翌日の第７戦でドラゴンズは完敗し、日本一の夢は打ち砕かれた。それをまさにバットで打ち砕いたのは和田選手だった。あの打球の速さを見せられると「敵ながら天晴れ」と言わざるを得なかった。もちろんそんなことは決して口にしたくないほどに悔しかったが……。和田選手は翌年にパ・リーグ首位打者になる。リーグを代表するスラッガーとなった。

その和田選手がＦＡを宣言して２００９年（平成21年）からドラゴンズのユニホームを着ることになった。もともと岐阜県出身、高木守道さんと同じ県立岐阜商業高校ＯＢとあって、運命の扉は実に自然に開いた感じだった。「幼い頃からあこがれの球団」という言葉にドラゴンズファンは大喜びし、かつての日本シリーズで味わった痛みを喜びに変えた。背番号はライオンズ時代と同じ「５」。とてもよく似合った。

ドラゴンズに入団してからの和田選手は、チームリーダーとして大活躍した。当時のドラゴンズは落合監督に率いられ黄金期を迎えていたが、和田選手は移籍翌年の２０１０年には、自己最高の37ホームランを打ち、打率３割３分９厘、93打点と、いずれもその年のドラゴンズでトップの成績だった。シーズンＭＶＰに選ばれて当然の成績だった。生まれ故郷に近い地元球団で最高に輝いたシーズンだった。

２０００安打にあと15本と迫った２０１４年シーズン後半に死球で右手を骨折。しかし、翌２０１５年６月に見事に達成した。42歳を超す史上最年長での２０００安打達成以上に、和田選手の勲章は「両リーグでの１０００安打」だと思う。これはどんな投手でも打つことができるという証しであり、スラッガーの称号ともいえよう。ちなみに和田選手の他にこの記録を達成したのは、故・大杉勝男さん、そして当時のドラゴンズ監督だった落合博満さんの２人だけ、和田選手は史上3人目となった。

人懐っこい笑顔、愛称は「ベンちゃん」。しかしそれに似合わず、打席での厳しい表情と火花が散るようなすさまじい打球……。チーム生え抜きではないものの、和田選手はドラゴンズ史にその名を刻んだベストナイン外野手である。

⑧W・デービス（中堅手）

ドラゴンズ在籍わずか1年、いや8月までの72試合にしか出場していないにもかかわらず、私たちファンに強烈な印象を残したのがウィリー・デービス選手である。ドラゴンズに所属した1977年（昭和52年）はすでに37歳という年齢だったが、そのプレーは「現役大リーガー」に相応しいものだった。

デービス選手がドラゴンズ入団前にメジャーで積み重ねた安打は、名門ロサンゼルス・ドジャースを中心に2547本。いわゆる〝鳴り物入り〟の日本球界入りだった。

開幕の讀賣ジャイアンツ戦、第1打席は強い当たりのレフトライナー、第2打席はヒット、そして驚いたのが第3打席だった。ポテンヒットを足でツーベースにした上に、タッチアップで2塁からホームインするという鮮烈なデビューを飾った。このときデービス選手はホームへものすごい勢いでスライディングしたのだが、「ウォー！」という咆哮に圧倒された記憶がある。その一方で、グラウンド外、ロッカールーム、風呂場、そして遠征先のホテルの部屋などで、さまざまな〝奇行〟が報じられてもいた。

しかし、それをも払拭して今なおデービス選手が多くのドラゴンズファンによって記憶されることになった伝説のゲームが、１９７７年5月14日ナゴヤ球場でのジャイアンツ戦だった。マウンドには後年ドラゴンズのユニホームを着ることになる西本聖投手がいた。２死満塁からデービス選手が放った打球はライナーでライトを襲った。外野手がボールを逸らし、フェンス際を転々と転がるなか、デービス選手はあっという間にグラウンドを回りホームインしていた。記録映像から計測すると27メートル余りの塁間を12歩で駆け抜けていた。ランニング満塁ホームランだ。デービス選手はベンチ前に戻るとマウンドに、西本選手に、拳を突きつけて何か叫んでいた。強烈だった。翌日の中日スポーツ1面には「風か魔かデービス」という見出しが躍った。この紙面を今も大切に保管しているドラゴンズファンの友人もいる。

しかしデービス選手は、8月のゲームでの守備中にフェンスに手をぶつけて左手首を骨折して帰国。そこまで72試合、本塁打25本、63打点、打率3割0分6厘の堂々たる成績だった。翌年はクラウンライター・ライオンズ（現・埼玉西武ライオンズ）でシーズン通して活躍したものの、こちらもわずか1年で退団し日本を去った。やがて２０１０年（平成22年）に訃報が届いた。63

歳だった。

ベストナインの右翼手で選んだトーマス・マーチン選手の他、ジム・マーシャル、ケン・モッカ、ゲーリー・レーシッチ、アロンゾ・パウエル、レオ・ゴメス、タイロン・ウッズ、トニ・ブランコら複数年にわたる活躍でドラゴンズ史に名を残した外国人スラッガーは多い。しかし、わずか1年でチームとドラゴンズファンにこれほどのインパクトを与えた助っ人は、ウイリー・デービス選手をおいて他にいない。

⑨福留孝介（右翼手）

2000安打を達成した打者のプロ最初の安打を球場で見たのは、これまでにひとりだけである。それが福留孝介選手だった。1999年（平成11年）4月4日、ナゴヤドームのライトスタンドで、その瞬間に立ち会った。ルーキーの福留選手はプロ初安打となったツーベースを放ち、同時に初打点も記録した。ドラゴンズにとって新たなスタープレーヤー誕生、その記念すべき第一歩だった。

福留選手は名門ＰＬ学園高校時代から注目を集めた。そして高校卒業を前にしたドラフト会議では7球団からの指名を受けた。ドラゴンズファンとして嬉しかったのは、意中の球団として真っ先に「中日ドラゴンズ」を挙げてくれていたことだ。それもそのはず、福留選手がPL学園を選んだことにもドラゴンズが関わっている。鹿児島県出身の福留選手は、幼き頃に隣県の宮崎県串間市でのドラゴンズキャンプを訪れた。そこで当時はルーキーだった立浪和義選手にサインをもらったことが嬉しくて、進路も立浪選手が卒業したPL学園を選んだのだ。そしてプロ野球も希望球団はドラゴンズ。これほどのプレーヤーが選んでくれるのだから、ファン冥利に尽きることだった。残念ながら、ドラフト会議でドラゴンズはクジを外し、福留選手も希望球団ではなかった近鉄バファローズへの入団を断り社会人の日本生命へ。しかしその3年後、当時の逆指名制度によって相思相愛のドラゴンズに入団した。当時の監督は大胆な若手の起用では名うての故・星野仙一さん。背番号「1」を与え、開幕戦からスタメン「ショート」としてデビューさせた。

福留選手が花開いたのは、内野手から外野手へコンバートされた2002年(平成14年)。星野さんは阪神タイガースの監督に去り、ドラゴンズは山田久志監督が誕生していた。福留選手は右翼手として強肩を発揮するとともに、多彩なバットコントロールによって球団新記録となるシーズン186安打を記録、打率3割4分3厘で見事首位打者に輝いた。2004年からは三冠王を三度取っている落合博満さんがドラゴンズ監督に就任し、一緒に打撃論を交わしながら、福留選手のバッティングはさらに進化する。広角に打ち分ける打棒はまさに〝打ち出の小槌〞、２００６年シーズンは打率３割１分５厘、１０４打点、31ホームランの「３割、30本、１００打点」を達成した。さらにそこに１１７得点も加わり「１００得点」もクリアして、その年のドラゴンズのリーグ優勝に大きく貢献した。チーム内にはエース川上憲伸投手に、二冠王タイロン・ウッズ選手と活躍した２人がいたが、福留選手のＭＶＰにはファンの誰もが納得した。それだけの強い印象を与えた活躍だった。

福留選手は２００８年から米メジャーリーグへ活躍の場を移した。シカゴ・カブスから始まり３球団で５年間を過ごした。日本球界に復帰後のチームが、ドラゴンズでなかったことは本当に残念だった。移籍先の阪神タイガースではキャプテンにも就いた。あれだけ強いドラゴンズ愛を持っていた選手だけに、将来の指導者としても名古屋の地に降り立ってほしかったと思うファンは多い。そんな思いをこめてベストナイン外野手への次点選出である。

心に残る名選手

①稲葉光雄（投手）

中日ドラゴンズのエース背番号は「20」である。杉下茂、権藤博、星野仙一、小松辰雄ら錚々たる顔ぶれが背負った番号なのだが、一般的にはエースナンバーは「18」といわれている。松坂大輔投手も2019年シーズンから「18」を背負う。そんななかでドラゴンズの背番号「18」といって多くのファンが思い浮かべるのは、故・稲葉光雄さんではないだろうか。

その風体はインテリ風だった。銀縁のメガネをかけた姿は、どこかの大学教授を思わせる空気が漂っていた思い出がある。入団2年目の1972年（昭和47年）に20勝、当時「20勝投手」といえば稲葉投手だった。何よりも讀賣ジャイアンツにめっぽう強く「巨人キラー」と呼ばれていた。特に長嶋茂雄と王貞治という「ON砲」をしっかり抑えた。ナゴヤ球場時代のジャイアンツ戦で9回表のピンチにONを打ち取り完投したゲームをラジオ中継で聞いていた記憶がよみがえる。武器は落差のあるカーブ。冷静なそしてどこか知的な〝投げっぷり〟で宿敵を抑えるのだから、ドラゴンズファンとしては大好きな投手だった。ドラゴンズ在籍わずか6年、

１９７６年（昭和51年）オフにトレードによって阪急ブレーブスに移籍した。このときまでの成績が46勝40敗だったが、この内ジャイアンツから13勝なのだから、惜しい投手が名古屋から去ったと言える。このときのトレードでは、20年ぶりリーグ優勝を決めたウィニングボールを三塁でキャッチした島谷金二内野手も一緒に移籍した。ファンにとってはショッキングな秋だった。

稲葉さんにはドラゴンズにおける第2ラウンドが巡ってきた。１９８６年（昭和61年）からコーチとして復帰し、翌年からの星野政権を支える。ドラゴンズでのコーチとしての日々は12年間続いた。いったん他球団のコーチや解説者になったものの、落合博満監督に請われて２００９年にコーチとしてドラゴンズに復帰。すでに60歳を超えていたものの、2軍を舞台にして、長年培った野球理論と情熱あふれる指導によって多くの若手投手が育った。翌年からの球団初の連覇は稲葉コーチの投手育成によるところ大であろう。しかし、かつての盟友・高木守道さんが監督として復帰した1年目の２０１２年夏に急死。63歳での死はあまりに早く、選手もファンも早すぎる別れに涙した。

中日ビル6階にあったドラゴンズ球団事務所には、亡くなった稲葉さんの焼香台が設けられ、多くの関係者やファンが弔問に訪れた。球団としても選手そしてコーチとしての功績を重く受けとめたのだろう。稲葉さんの遺影に手を合わせながら、ドラゴンズを見守ってくださいと祈った夏の日を今でも忘れない。背番号「20」の投手たちのインパクトにはかなわないかもしれないが、間違いなくドラゴンズの歴史に名を刻んだ背番号「18」だった。

②山本昌（投手）

水島新司さんの野球漫画に『野球狂の詩』がある。このなかの主役のひとりは岩田鉄五郎。東京メッツという架空球団の投手、背番号「18」、そして50歳を超えてなお現役でマウンドに立つ。この『野球狂の詩』にはプロ野球選手である歌舞伎役者とか、水原勇気という日本プロ野球初の女性投手とか、実際にはあり得ない楽しいキャラクターの選手たちが登場した。今から40年以上も前、1970年代にこの漫画を読み、こうした魅力的な選手たちの活躍を楽しみながら、岩田投手の「50歳で現役投手」という姿も非現実的な選手の代表格としてとらえていた。しかし、それを現実にした選手が出現した。それも中日ドラゴンズに。

山本昌（当時・昌広）さんは1983年（昭和58年）ドラフト5位で神奈川県にある日大藤沢高校からドラゴンズに入団。この年の1位は地元・名古屋のスラッガー藤王康晴さんだった。山本投手にスポットが当たるまで5年待たなければならない。1988年、2年目を迎えた故・星野仙一監督は、ロサンゼルス・ドジャースとベロビーチで春季キャンプを行い、そのまま山本投手を留学という形で米国に残す。正直にいえば、そのシーズンは「戦力ではない」ということだった。私たちファンもほとんど意識していなかったのが正直なところだ。しかし、名古屋特有のむし暑い夏がやって来た頃、山本投手は星野監督に呼び戻されて帰国する。沖縄出身の上原晃投手とともにチームのマウンドに若い勢いを吹き込んだ。先発陣の一角に加わると、なんと無傷の5勝。リーグ優勝に大きく貢献した。その年に高卒ルーキーとしてショートのレギュラーを守って新人王を取った立浪和義選手といい、星野監督はこうした若い力の使い方が実に巧みだった。

翌シーズンから山本投手は先発として本格的に躍動する。1993年(平成5年)は17勝5敗、防御率2・05で最多勝と最優秀防御率の2タイトルを獲得。翌1994年は19勝8敗で2年連続の最多勝タイトル、そして1997年は18勝7敗で三度目の最多勝を取るとともに、159で奪三振のタイトルも取る。5年間で5つの投手タイトルに輝き左のエースの座に昇りつめた。1994年は沢村賞にも選ばれている。

山本昌という投手の凄さは、それから先だった。さらに長い月日を投げ続けたのである。2011年は足首の手術によって登板はなかったが、1軍での実働通算29年。2015年9月に引退したときは、漫画の世界にしかいないはずだった「50歳の現役投手」になっていた。あの岩田鉄五郎が現実にこの世に現れたのだった。

最年長記録は数知れず……。最年長での試合出場を筆頭に、先発メンバーや先発登板、そして最年長勝利から奪三振、さらに打席など、その背番号「34」がグラウンドに登場する度に記録は塗り替えられていった。

印象深いゲームを2つ挙げるならば、まず最年長ノーヒットノーランを達成した2006年9月16日のナゴヤドーム阪神タイガース戦。41歳1か月での達成にマウンドで手を突き上げた笑顔は忘れられない。そしてもうひとつは、最年長勝利という世界記録をかけてシーズン初先発した2015年8月9日のナゴヤドーム東京ヤクルトスワローズ戦。猛暑のなかでのデーゲームで、すでに予告先発として登板は発表されていたものの「ピッチャー山本昌」がコールされたとき、ナゴヤドームは地鳴りのようにどよめいたのだった。このゲームは指を傷めて2回途中に降板、世界記録は成らなかったが、あの瞬間をドームで共有できたファンにとっては忘れられないゲームとなった。

漫画の岩田鉄五郎投手は、投げる際に「にょほほほ〜」というかけ声とともに、とんでもない遅い球を投げるスタイルだった。しかし山本昌投手のマウンド姿は190センチ近い堂々たる身長とともにいつまでも凛々しく、その投げる球は引退試合となった2015年10月7日の広島東洋カープ戦で先頭打者の丸佳浩選手を内野ゴロに打ち取るまで力強かった。ドラゴンズファンだけでなくプロ野球ファンの心に残る名投手だった。

③山崎武司（捕手・内野手）

プロ野球ファンはそれぞれに思い出の名場面を心に刻んでいる。ドラゴンズを応援するファンも目を閉じると、いろいろな場面を思い浮かべることであろう。1974年（昭和49年）20年ぶりのリーグ優勝を果たした瞬間の星野仙一投手の仁王立ち。1987年（昭和62年）高卒ルーキー近藤真一（現・真市）投手がノーヒットノーランを達成して左手を天に突き上げた姿。1994年（平成6年）いわゆる「10・8決戦」で一塁にヘッドスライディングして肩を脱臼した立浪和義選手の闘志。挙げ続ければきりがないが、1枚写真でこれほど強い印象を与えてくれた選手はいないのではないか。山崎武司選手である。

1999年（平成11年）シーズンは開幕から11連勝、8月24日は優勝マジックが点灯する快調なシーズンだった。9月に入って優勝への胸突き八丁ともいえる空気が漂っていた9月26日ナゴヤドーム最終戦。相手は阪神タイガース。9回表に抑えの宣銅烈投手が逆転3ランを打たれて、ゲームは2対4とひっくり返される。しかしその裏、山崎選手が起死回生の再逆転サヨナラ3ランを放つ。打った瞬間にホームベース上で両手を突き上げ咆哮した山崎選手。その姿はまるで「X」字のようでもあった。この歓喜のポーズは映像でも度々紹介されるが、1枚の写真としても強烈な輝きを放ち続けている。ドラゴンズ球団史に刻まれた名場面である。

山崎選手はドラゴンズ地元の愛知県出身、名門の愛工大名電高校から1986年（昭和61年）ドラフト2位で入団した。捕手だった。背番号は「22」。阪神タイガースのスター捕手だった田淵幸一さんと同じ背番号であった。このときの1位は近藤真一（現・真市）投手、ノーヒットノーランの華々しいデビューと対照的に、山崎捕手の1軍での活躍は遠かった。入団4年目1990年のシーズンオフ、愛知県知多市、名鉄「新舞子」駅近くで起きた火事の際には実家に帰っていたため現場に駆けつけて子どもたちを救出、人命救助の功績で表彰された。スポーツ紙もトップ面で大々的にそれを報じた。グラウンドでの活躍以前に一般社会というフィールドで活躍、ドラゴンズファンの間では「愛すべきキャラクター」として定着した。翌シーズン、ようやくプロ入り初ホームランを打つ。しかしこの1本のみ。人命救助ではセ・リーグから特別表彰は受けたものの、グラウンドにおける表彰への道は遠かった。それでもファンは「山崎武司」という選手を愛していた。「ジャイアン」というニックネームもついた。

そしてドラフト指名から10年目の1996年（平成8年）、スラッガー山崎に開花のときが訪れた。初の規定打席到達でホームラン39本、いきなりホームラン王となった。捕手ではなく、外野手そして一塁手のレギュラーとなった山崎選手は翌年からも活躍、あの劇的なサヨナラ3ランを演出したのだった。

その後、2002年（平成14年）シーズンオフにオリックス・ブルーウェーブ（現・オリックス・

バファローズ）にトレード、さらに2004年には東北楽天ゴールデンイーグルスへ移籍と、ドラゴンズから遠ざかっていった。しかし仙台の地で名将・野村克也監督と出会ったことは、山崎選手にとって「邂逅」だったのであろう。2007年にはホームラン43本、打点108で堂々のパ・リーグ二冠王に輝いた。名古屋の地から大勢のドラゴンズファンが惜しみない拍手を贈った。

2012年シーズン、山崎選手は再びドラゴンズのユニホームを着てナゴヤドームのグラウンドに立った。「選手の最後はドラゴンズで」という本人の希望だったと言われる。その年の7月14日、讀賣ジャイアンツとのゲームで復帰後の初ホームランを打った。その弾道をライトスタンドで見ていたが、ダイヤモンドを一周する山崎選手に贈られた拍手と声援はひときわ大きかった。「お帰りなさい！」ドラゴンズファンが心をこめて愛すべき「ジャイアン」の帰還を目に焼きつけたゲームだった。

④与田剛（投手）

剛速球投手だった。与田剛さんである。ドラゴンズファンの間でも、プロデビュー戦は今なお語り草である。1990年（平成2年）4月7日の横浜大洋ホエールズ（現・横浜ＤｅＮＡベイスターズ）との開幕ゲームだった。舞台は雨模様のナゴヤ球場。同点の延長11回表ノーアウト一、三塁で星野仙一監督はルーキー与田をコールした。大いに沸くナゴヤ球場。与田投手は１５０キロを超す剛球によって２つの三振を含めて打者を抑える。ゲームは引き分けに終わったが、ファンはドラゴンズにまた新たなリリーフエースが誕生した瞬間を目の当たりにした。

前年のドラフト会議は、社会人・新日本製鐵堺の野茂英雄投手に８球団の指名が殺到した。しかし、ドラゴンズはＮＴＴ関東の与田投手を指名、単独の１位指名で与田投手はドラゴンズに入団した。背番号は「29」。速球王として活躍した鈴木孝政さんのイメージが強い番号であり、その後の与田投手が歩むスピードボールの道を暗示する数字だった。

与田投手は６月に当時では日本プロ野球界最速の１５７キロを記録した。「抑える」というよりも「押さえる」いや「押さえ込む」というリリーフ投手だった。シーズンで挙げたセーブの数は31。勝利も４つ。50試合の登板でこの数字ということは、成功率の高さを物語っている。オールスターゲームにはファン投票１位で選出された。当時は今のように、先発、中継ぎ、抑えと分野も分かれておらず、投手部門たったひとりのファン投票選出だったから、ルーキーとしては立派なものだった。ドラゴンズに全国区のリリーフエースが誕生した。この年、最優秀救援投手を獲得、新人王にも選ばれた。

与田投手を語る上で、この年のオールスターゲームは忘れられない。平和台球場（当時）での第2戦である。セ・リーグの先発はこの与田投手。ファン投票選出に敬意を表して讀賣ジャイアンツの藤田元司監督が指名した。対するパ・リーグは前年のドラフト会議で8球団の指名を勝ち抜いた近鉄バファローズに入団した野茂投手。オールスターゲーム史上初の新人先発対決だった。その与田投手がパ・リーグの4番だった西武ライオンズ清原和博選手にソロホームランを打たれた。清原選手はこれも史上初、パ・リーグでは最年少の四番打者だった。すると直後にセ・リーグの四番に座ったドラゴンズの同僚・落合博満選手が野茂投手から2ランホームランを放つ。与田vs野茂の新人スピード王対決とともに、落合vs清原という四番打者対決も見られて、プロ野球ファンにとっては最高の祭典となった。ルーキー与田の敵を見事に討った落合選手に拍手喝采したドラゴンズファンは多い。これぞプロ野球！というゲームを舞台で演出したひとりが与田投手だった。

しかし与田投手の肩や肘への負担は尋常ではなく、翌1991年は29試合の登板に留まり、セーブはわずか2。3年目の1992年は23セーブを挙げたが、7年目にドラゴンズから千葉ロッテマリーンズへトレード移籍。マリーンズでの登板はなく、1999年に日本ハムファイターズで1試合のみ投げ、その後は阪神タイガースへ。しかしこの年でユニホームを脱いだ。

ドラゴンズ以外では日本ハム時代の1試合に投げただけ。その生涯成績は、実働7年で8勝19敗59セーブに留まった。それでも「与田剛」を懐かしがるドラゴンズファンが多いのは、やはりその強烈な印象からであろう。たくさんのリリーフエースが彩ってきたドラゴンズ球団史のなかで、与田投手が放つ輝きは今も鮮烈だ。

新監督の就任記者会見で与田さんはこう語った……。「錚々たるドラフト候補がいるなかで、ドラゴンズが自分を単独指名してくれた思いを忘れることはない」と。それは縁でもあり絆でもあり、そして運命なのだろう。竜の指揮官として新たな輝きを放ってくれることを楽しみに願っている。

⑤川上憲伸（投手）

明治大学のエース・川上憲伸投手がドラフト会議を前に中日ドラゴンズを逆指名したのは１９９７年（平成9年）秋のことだった。この年、ドラゴンズは完成したばかりのナゴヤドームに本拠地を移したが、広いドームへの戸惑いもあり最下位に沈んだ。再起を期すそのオフに飛び込んできた吉報に、ドラゴンズファンは大いに沸いた。当時の指揮官だった星野仙一監督の母校は明治大学。その明治ルートがしっかりと絆を結んでいた結果の入団だった。

ルーキーのときから、すでに「エースの風格」を備えていた。翌１９９８年4月9日ナゴヤドームの阪神タイガース戦で、プロ初登板を初先発で飾ると、チームは7対1で勝ち、川上投手はプロ初勝利を手にした。つい先日まで大学生だったとは思えない堂々たるピッチングに、ファンはドラゴンズ新時代の幕開けを感じ取り夢中で拍手を贈った。7月には新人ながら月間MVPに選ばれ、さらにオールスターゲームにはファン投票1位で初出場した。ナゴヤドームでの初開催となった第2戦に地元の大声援のなかで先発し、3イニングを2安打無失点に抑えた。そしてこのゲームのMVPを獲得する。新人投手がMVPに選ばれたのは史上初という快挙だった。その年は14勝6敗の堂々たる成績で新人王となった。

川上投手には大学時代からのライバルが存在した。慶應義塾大学から讀賣ジャイアンツに入団した高橋由伸選手である。長嶋茂雄監督は開幕戦から高橋選手をスタメンで起用した。東京六大学時代からライバルだった2人のプロに舞台を移しての対戦に、ファンは大盛り上がりだった。それはまるで、昭和の時代に人気だった野球漫画『巨人の星』の星飛雄馬と花形満のように。高橋選手のルーキーイヤーの成績は、打率3割0分0厘、19本塁打、打点75と堂々たるものだった。しかし川上投手との対戦成績は22打数1安打だった。結果的に、川上投手が新人王に選ばれたが、プロ野球史上でも特筆される高いレベルでの新人王争いだった。ライバルはお互いを鍛える。くしくも2人とも名前は「伸」という字で締めくくられている。プロ野球の世界で1年目からさらに大きく「伸びた」2人だった。

川上憲伸はドラゴンズでの「エース道」をのぼり続けた。ストレート、カーブ、スライダーに代名詞となるカットボールを加えた投球は勢いと円熟味を増した。プロ5年目、2002年8月には東京ドームでジャイアンツ相手にノーヒットノーランを達成した。そして、2004年と2006年にはどちらも17勝7敗で最多勝のタイトルを獲得。特に落合博満監督1年目の2004年はシーズンMVPにも選ばれ、沢村賞も手にした。かつて明治大学の先輩である星野さんも20年ぶりにリーグ優勝した1974年（昭和49年）に沢村賞に選ばれたが、後輩である川上投手はMVPまで受賞したのだった。まさにドラゴンズ球団史に残るエースのひとりとなった。背番号は生涯「11」だったが、同じ明治OBの杉下茂、星野という両投手が背負ったドラゴンズのエース背番号「20」をつけても似合ったであろう。

その後、川上投手はメジャー挑戦を希望して、2009年にアトランタ・ブレーブスのユニホームを着る。ドラゴンズファンにとっては淋しい出来事だった。川上投手とともにドラゴンズのスターだった福留孝介選手がすでにメジャーに行っていたので、球団はなぜ真剣に引き止めないのかと多くのファンは嘆いた。

中日ドラゴンズ検定1級で「ともにドラゴンズから米大リーグ入りした福留孝介と川上憲伸。米大リーグでの二人の対戦成績は？」という問題まで出されたように、名古屋の地からドラゴンズファンの目をメジャーのゲームに向けさせた2人にもなった。ちなみに対戦成績は5打数2安打（1本塁打）である。機会があって川上さんに直接この問題を出してみたら「ホームランを打たれたことだけは覚えているけれど」と懐かしそうに目を細めた。

ドラゴンズファンが喜んだのは、川上投手がメジャーから2012年に再びドラゴンズに帰って来てくれたことだ。球団も帰国したエースをきちんと受け入れた。わざわざ背番号「11」も空けた。そして2014年には再び開幕投手をつとめた。7回目の開幕投手は球団最多記録を更新した。

川上憲伸はドラゴンズファンの記憶にも記録にも残る堂々たる〝竜のエース〟である。

⑥岩瀬仁紀（投手）

マウンドでのその投球を一体幾度見たことだろうか。球場でもそしてテレビの中継でも。それはそうだろう。1999年（平成11年）の開幕戦以来20年間、マウンドに立った回数は公式戦だけでも実に1002回に及ぶ。ドラゴンズファンはもちろん、プロ野球ファンもそしてそうでない人でも、そのマウンド姿を知っている。岩瀬仁紀、中日ドラゴンズ投手、背番号「13」。プロ野球史上初、前人未到の1002試合登板を球史に刻んだ。

稀代のストッパー・岩瀬仁紀を語る山に登る道は複数ある。この内の2つの道を選んでその山に登ってみたい。

最初の登山道は歴代最多セーブ数の記録である。積み重ねたセーブの数は４０７。２位の高津臣吾さん２８６、３位の佐々木主浩さん２５２、２０１７年にシーズン最多セーブ54を記録した福岡ソフトバンクホークスのデニス・サファテ投手が２３４で４位。いかに岩瀬投手の積み上げたセーブ数が図抜けているのかがわかる。それ以上にすごいのが、それに費やした歳月のある意味〝短さ〟である。岩瀬投手が入団当初の「中継ぎ」役から本格的に「抑え」役に指名されたのは、落合博満監督が指揮を執り始めた２００４年（平成16年）シーズンからである。実は中日ドラゴンズ検定の設問にもなったのだが、それまでの５年間にあげたセーブはわずか６しかない。残り４００ものセーブは２００４年以降の15年間で記録しているのである。現役20年間の４分の３での達成だ。２０１６年はケガのためセーブなし、この年を除けば毎年平均28セーブをあげていたことになる。これはあくまでも公式シーズンでのことであり、完全試合を続けていた山井大介投手からバトンを受けて見事に53年ぶりの日本一をマウンドで迎えた２００７年の日本シリーズでのセーブなどを加えると、その数はさらに増える。

２つ目の登山道は１０００試合に結びついた毎シーズンの登板数である。ルーキーだった１９９９年に65試合投げたことから始まり、２０１３年まで15年間連続で毎年50試合以上の登板を果たした。阪急ブレーブスで活躍した米田哲也投手の最多登板記録９４９試合を破ったときに「先発と抑えは違う」という声も聞かれた。たしかに投げた通算イニングは先発に比べれば歴然と差はあるだろう。しかし抑え投手は登板試合だけが投げたゲームではない。毎日毎日ブルペンで肩を作る。スタンバイしたものの登板が流れることも多々ある。岩瀬投手の登板数の水面下には、こうしたブルペンでの目に見えないピッチングがある。その上に１００２という気の遠くなるような試合数が存在しているのだ。

１００２試合のなかには、これもドラゴンズ検定で「岩瀬投手が過去に先発した試合は何試合？」と出題されたのだが、過去に1試合だけ先発したゲームがある。２０００年10月８日のシーズン最終戦、見事勝ち投手になっている。４００セーブを記録したゲームはナゴヤドームのスタンドで観戦していた。２０１４年７月26日、一打同点というピンチを招いたが、讀賣ジャイアンツの阿部慎之助選手をマウンドでバランスを崩しながらも三振にしとめた。しかしその他、意外なほどに印象に残るゲームが少ないことに気づく。当然のように打者を〝抑えて〟きたからである。

岩瀬投手は２年連続でセーブ王に輝いたことが２回ある。２００５年と２００６年、２００９年と２０１０年、いずれも落合政権下で８年間一度もＡクラスを譲らなかった黄金期と重なる。岩瀬投手の凄さは、淡々とその役目を全うしてきたことであろう。日本で抑え投手といえば、「江夏の21球」で知られる江夏豊さんや〝ハマの大魔神〟と呼ばれた剛球・佐々木主浩さんの名前が真っ先に挙がる。どちらもその強烈な印象からなのだが、岩瀬投手には物静かな、そしてこの「淡々と」という自然体の強さがある。ゲームを締めくくった瞬間も表情はほとんど変わらない。抑えて当然のように。後年、抑えに出てきて打たれるケースも増え始めたが、それでも同点まで。逆転を許すことは多くなかったと記憶する。「岩瀬なら負けない」と。日本プロ野球史上に残る抑え投手だった。そしてその宝物がドラゴンズの９回マウンドにいつも立っていた喜びはファンにとって至上のものだった。

⑦浅尾拓也（投手）

なぜ浅尾拓也という投手はここまでファンに愛されたのだろう。歴代のドラゴンズ選手のなかでも、その人気はトップクラスであり、同時にその理由は多岐に渡ると思う。

投手としての投球ぶりは、実に小気味よかった。最速１５７キロを記録したストレートとフォークボールを武器とした投手だった。そこにスライダーも加わった。入団当初は先発だった。ルーキーだった２００７年（平成19年）には開幕早々の４月10日にプロ入り初先発、その２週間後には先発としてプロ入り初勝利を挙げた。２年後の２００９年には開幕投手をつとめた。浅尾投手にとっては、最初で最後の開幕投手となったが、落合博満監督が率いた8年にわたる黄金期のど真ん中の時期だけに、いかに浅尾という投手が評価されていたのかがわかる。

中継ぎ、すなわちセットアッパーという役割を得てからは、水を得た魚のようにマウンドで躍動した。ドラゴンズ連覇の最初の年、２０１０年は開幕からセットアッパーをまかされた。このシーズンは72試合に登板し、ホールド47。それだけではない。12勝を挙げてホールドポイント（HP）は実に59。堂々の最優秀中継ぎ投手のタイトルホルダーになった。９月には21試合連続ホールドポイントという日本記録も作った。そして浅尾投手の活躍は次の年も続く。２０１１年は前年をさらに上回る79試合に登板して、ホールド45。７勝に加えて、セーブも10記録してホールドポイント52。このシーズンは岩瀬に替わって浅尾がクローザーとしてゲームを締めくくることも多かった。リーグ連覇を決めた10月18日の横浜ベイスターズ戦も浅尾が胴上げ投手だった。まさに大車輪の活躍で、２年連続の最優秀中継ぎ投手のタイトルはもちろん、シーズンＭＶＰにも選ばれた。中継ぎ投手という立場では初の栄冠だった。まさにドラゴンズの球団初の連覇、その立て役者だった。

卓越していたのは投球だけではない。フィールディングである。投手だってもちろん守備を担当するが、ある意味、「最初に球を投じる」役目に従事するため、ゴロもフライも捕手や内野手に委ねるケースが多い。しかし、浅尾は自ら動く。先発だった当時の千葉ロッテマリーンズとの交流戦で、一塁カバーに駆け込むスピードに目を見張らされた思い出がある。守備のいい野手がもうひとり内野にいるイメージだった。当然のように守備に与えられるゴールデングラブ賞も受賞した。実に格好いいフィールディングだった。

浅尾投手はそのルックスでも多くのファンを魅了した。入団時に耳にピアスの穴を開けていたように、実にファッショナブルな選手だった。丹精な顔つきに涼しげな笑顔。さらに取材インタビューなどへの丁寧な受け答え。そこには誠実な人柄がにじみ出ていた。グラウンド以外でも数々の魅力にあふれ、女性ファンはもちろんだが、大人から子どもまで、好感を持たれる選手、そして好青年だった。

チームが連覇を達成したこの2年間のフル回転は、浅尾投手の肩に影響を与えた。２０１５年の3セーブ16ホールドを最後に、２０１６年は1軍での登板なし。２０１７年には２００ホールドを達成したが、登板は4試合に留まった。そして翌年の現役引退。選手としては若すぎる33歳だった。

そして最も印象深いのは、こうした多くの魅力を結集してのマウンドさばき、所作だった。名前がコールされマウンドに向かうとき、浅尾投手は走る。かろやかに。そしてマウンドでぴょんぴょんと数回ジャンプする。この所作が、「投手・浅尾」の象徴だった。

２０１８年9月29日ナゴヤドーム、現役生活最後のマウンドに向かうときも、浅尾投手はいつも通りの小走りだった。しかし、その目はすでに潤んでいた。打者ひとりを三振に切って取り、同じく今季で引退する先輩の岩瀬仁紀投手にマウンドを譲ってベンチに帰るとき、このときも小走りだった。最後まで自分らしく燃焼した華奢な大投手に、ナゴヤドーム全体から大きな拍手が贈られた。

エピローグ
―短い秋におさらば、さあ与田監督の胴上げだ！―

クライマックスシリーズにも日本シリーズにも縁がない早すぎる秋が続く。しかし、２０１８年の秋の一日は少し違った。満員のナゴヤドームは感動と感涙に包まれた。

10月13日、週末土曜日のデーゲーム。本来ならば９月末に予定されていた本拠地ナゴヤドームでの最終戦が台風24号の影響で延期された。それによって、この日は本当に特別なゲームになった。プロ野球のゲーム観戦であそこまで度々涙したことは初めてだった。

本拠地最終戦は慣例としてゲーム後にセレモニーがあり、監督以下ドラゴンズナインがファンにシーズンの感謝とメッセージを発する。この日はそれに加えて、すでに引退を表明していた岩瀬仁紀投手と荒木雅博内野手にとって現役最後の公式戦となった。

ドームでは入場者全員に両選手が登場するときにスタンドで掲げて応援できるようにと、両面にそれぞれ背番号「13」と「2」がプリントされたメッセージボードが配布された。そして主役はこの２人だけではなかった。このシーズン限りでの退任が決まっていた森繁和監督にとってもチームの指揮を執る最後のゲームだった。さらに相手チームの阪神タイガース、金本知憲監督も直前に退任を決めたばかりとあって、ドラゴンズファンもタイガースファンも球場全体に「惜別」そして「時代の節目」そんなムードが広がっていた。

その高揚感は試合前から明らかだった。メンバー表を交換した両監督がホームベース上で長く会話を交わしたことにスタンドから拍手。始球式の少年が投げたボールが球速130キロだったことにも大きな拍手。そしてセカンドの守備につく荒木選手にさらに大きな拍手。とにかく拍手と声援づくめのゲームは、回を追うごとにファンの感動と興奮を巻き起こした。

6回の打席に立った荒木選手に対し、かつてのドラゴンズ時代の同僚・高橋聡文投手が投げたとき、次世代へ期待のドラゴンズのルーキー石川翔投手がデビュー登板で140キロの速球を投げたとき、荒木選手が盗塁に挑戦し残念ながら失敗したとき、そしていよいよ9回に岩瀬投手がマウンドに向かったとき、その相手として岩瀬投手と同じドラフトでドラゴンズに入団した福留孝介選手がバッターボックスに向かったとき……。すべての場面にナゴヤドーム全体が大きく揺れた。

ゲームは2018年ドラゴンズの戦いを象徴したようなシーズン38度目の逆転負けだった。両選手の引退セレモニーに続いて、荒木選手はセカンド付近で、そして岩瀬投手はマウンド付近で、それぞれ一時代を築いたポジションで胴上げされた。とても粋な配慮だった。いつのまにか泣いていた。そして感動的な2選手の胴上げに続いて、背番号「58」が輪の中心に招かれた。谷哲也内野手だ。スーパーサブとしてガッツあふれるプレーを見せてきたが、このシーズン限りでユニホームを脱ぐ。しかし岩瀬投手や荒木選手のように引退試合はない。そんな谷選手を胴上げするドラゴンズナインは素敵だなと思った。さらに涙が出た。

チームの「一体感」を目の当たりにしながら、同時にグラウンドとスタンドの「一体感」を体感した。そう、一体感。ナゴヤドーム全体がドラゴンズブルーのユニホームに見入って声援を送る一体感。それに浸ることがどれほど幸せなことかとあらためて気づかされたシーズン143試合目のゲームだった。その一体感は、チームとファンの「縁」によるものである。ここにも確かな「縁」がある。

岩瀬仁紀、荒木雅博、浅尾拓也……。竜の黄金期を支えてきた選手たちは去った。しかしバトンタッチするように、高校球界のスーパースターである根尾昂選手をはじめ有望な選手たちがドラゴンズブルーのユニホームを着た。ドラゴンズブルーの「縁」は続く。

『愛しのドラゴンズ！ ファンとして歩んだ半世紀』出版から3年。編集者の山本直子さんとともに、低迷を続ける竜に対しファンとして叱咤と激励の新刊を出せないかと相談を始めた矢先に、与田新監督が誕生した。そしてその与田監督がドラフト会議で根尾昂選手を引き当てた。

沸き立つドラゴンズファン。叱咤激励の本は、２０１９新生ドラゴンズへのエールに包まれて一気に加速した。

『愛しのドラゴンズ！』に第３弾があるならば、それは与田監督が日本一の胴上げをされるときであろうか。執筆が今から楽しみで仕方がない。その時が必ず来ると信じている。

1978年	（昭和53年）	中　利夫	5位
1979年	（昭和54年）	中　利夫	3位
1980年	（昭和55年）	中　利夫	6位
1981年	（昭和56年）	近藤貞雄	5位
1982年	（昭和57年）	近藤貞雄	優勝
1983年	（昭和58年）	近藤貞雄	5位
1984年	（昭和59年）	山内一弘	2位
1985年	（昭和60年）	山内一弘	5位
1986年	（昭和61年）	山内一弘	
		高木守道	5位
1987年	（昭和62年）	星野仙一	2位
1988年	（昭和63年）	星野仙一	優勝
1989年	（平成元年）	星野仙一	3位
1990年	（平成2年）	星野仙一	4位
1991年	（平成3年）	星野仙一	2位
1992年	（平成4年）	高木守道	6位
1993年	（平成5年）	高木守道	2位
1994年	（平成6年）	高木守道	2位
1995年	（平成7年）	高木守道	
		徳武定祐	
		島野育夫	5位
1996年	（平成8年）	星野仙一	2位
1997年	（平成9年）	星野仙一	6位
1998年	（平成10年）	星野仙一	2位
1999年	（平成11年）	星野仙一	優勝
2000年	（平成12年）	星野仙一	2位
2001年	（平成13年）	星野仙一	5位
2002年	（平成14年）	山田久志	3位
2003年	（平成15年）	山田久志	
		佐々木恭介	2位
2004年	（平成16年）	落合博満	優勝
2005年	（平成17年）	落合博満	2位
2006年	（平成18年）	落合博満	優勝
2007年	（平成19年）	落合博満	2位
		★53年ぶり日本一	
2008年	（平成20年）	落合博満	3位
2009年	（平成21年）	落合博満	2位
2010年	（平成22年）	落合博満	優勝
2011年	（平成23年）	落合博満	優勝
2012年	（平成24年）	高木守道	2位
2013年	（平成25年）	高木守道	4位
2014年	（平成26年）	谷繁元信	4位
2015年	（平成27年）	谷繁元信	5位
2016年	（平成28年）	谷繁元信	
		森　繁和	6位
2017年	（平成29年）	森　繁和	5位
2018年	（平成30年）	森　繁和	5位

●中日ドラゴンズ　歴代監督とシーズン成績（1936年～2018年）●

1936年（昭和11年）　池田　豊
秋季4位
1937年（昭和12年）　枡嘉　一
春季7位　秋季8位
1938年（昭和13年）　根本行都
春季7位　秋季4位
1939年（昭和14年）　根本行都
小西得郎　6位
1940年（昭和15年）　小西得郎　5位
1941年（昭和16年）　小西得郎
本田親喜　6位
1942年（昭和17年）　本田親喜　7位
1943年（昭和18年）　枡嘉　一　2位
1944年（昭和19年）　三宅大輔　4位
1945年（昭和20年）　中断
1946年（昭和21年）　竹内愛一
杉浦　清　7位
1947年（昭和22年）　杉浦　清　2位
1948年（昭和23年）　杉浦　清　8位
1949年（昭和24年）　天知俊一　5位
1950年（昭和25年）　天知俊一　2位
1951年（昭和26年）　天知俊一　2位
1952年（昭和27年）　坪内道典　3位
1953年（昭和28年）　坪内道典　3位
1954年（昭和29年）　天知俊一　優勝
★日本一

1955年（昭和30年）　野口　明　2位
1956年（昭和31年）　野口　明　3位
1957年（昭和32年）　天知俊一　3位
1958年（昭和33年）　天知俊一　3位
1959年（昭和34年）　杉下　茂　2位
1960年（昭和35年）　杉下　茂　5位
1961年（昭和36年）　濃人　渉　2位
1962年（昭和37年）　濃人貴実　3位
1963年（昭和38年）　杉浦　清　2位
1964年（昭和39年）　杉浦　清
西沢道夫　6位
1965年（昭和40年）　西沢道夫　2位
1966年（昭和41年）　西沢道夫　2位
1967年（昭和42年）　西沢道夫
近藤貞雄　2位
1968年（昭和43年）　杉下　茂
本多逸郎　6位
1969年（昭和44年）　水原　茂　4位
1970年（昭和45年）　水原　茂　5位
1971年（昭和46年）　水原　茂　2位
1972年（昭和47年）　与那嶺要　3位
1973年（昭和48年）　与那嶺要　3位
1974年（昭和49年）　与那嶺要　優勝
1975年（昭和50年）　与那嶺要　2位
1976年（昭和51年）　与那嶺要　4位
1977年（昭和52年）　与那嶺要　3位

参考文献

中日ドラゴンズ80年史　中日新聞社

北辻利寿（きたつじ　としなが）
一九五九年中日球場（現ナゴヤ球場）近くの名古屋市中川区生まれ。ドラゴンズファン一筋の人生、キャッチコピーは「自分にはドラゴンズブルーの血が流れている」。一九八二年愛知県立大学外国語学部フランス学科卒業後、中部日本放送入社、報道局に配属。記者、海外特派員、編集長、報道部長、報道局長などを経て、現在CBCテレビ論説室長。
中日ドラゴンズ検定1級・2級・3級合格認定者。
著書に『ニュースはドナウに踊る』（KTC中央出版）『愛しのドラゴンズ！ファンとして歩んだ半世紀』（ゆいぽおと）。

装丁　三矢千穂
装画　三門ジャクソン

竜の逆襲　―愛しのドラゴンズ！2―
2019年3月10日　初版第1刷　発行

著　者　北辻利寿
発行者　ゆいぽおと
〒461-0001
名古屋市東区泉一丁目15-23
電話　052（955）8046
ファクシミリ　052（955）8047
http://www.yuiport.co.jp/

発行所　KTC中央出版
〒111-0051
東京都台東区蔵前二丁目14-14

印刷・製本　モリモト印刷株式会社

ISBN978-4-87758-476-4 C0095
JASRAC 出 1900827-901

ゆいぽおとでは、
ふつうの人が暮らしのなかで、
少し立ち止まって考えてみたくなることを大切にします。
テーマとなるのは、たとえば、いのち、自然、こども、歴史など。
長く読み継いでいってほしいこと、
いま残さなければ時代の谷間に消えていってしまうことを、
本というかたちをとおして読者に伝えていきます。